Rachel Hawkes
Christopher Lillington
Anneli McLachlan

Published by Pearson Education Limited, 80 Strand, London, WC2R 0RL.

www.pearsonschoolsandfecolleges.co.uk

Text © Pearson Education Limited 2015
Developed by Clive Bell
Edited by James Hodgson
Typeset by Tek-Art, West Sussex
Original illustrations © Pearson Education Limited 2015
Illustrated by Tek-Art, West Sussex

Cover design by Pearson Education Limited
Cover illustration by Miriam Sturdee
Cover images: Front: Fotolia.com: merc67; Pearson Education Ltd: Miguel Domínguez Muñoz; Shutterstock.com: Nagel Photography, terekhov igor
Models: Laura, Marco, José, Ramona, Samuel and Aroa of Colegio Nazaret, Oviedo. With thanks to them and to the staff of Colegio Nazaret for their role in the TeleViva videos. Thanks to Colette Thompson of Footstep Productions.

Audio recorded by Alchemy Post (produced by Rowan Laxton)
Voice Artists: Francesc Xavier Canals, Lorena Davis Mosquera, Ana Rose Delmo Layosa, Elías Ferrer Breda, Hugo Ferrer Breda, Pedro Ferrer Breda, Alexandra Hutchison Triviño, Mari-Luz Rodrigo, with thanks to Camila Laxton at Chatterbox Voices.

Songs composed and arranged by Charlie Spencer and Alastair Lax of Candle Music Ltd. Lyrics by Rachel Hawkes, Christopher Lillington and Anneli McLachlan.

The rights of Rachel Hawkes, Christopher Lillington and Anneli McLachlan to be identified as authors of this work have been asserted by them in accordance with the Copyright, Designs and Patents Act 1988.

First published 2015

ARP Impression 98

British Library Cataloguing in Publication Data
A catalogue record for this book is available from the British Library

ISBN 978 1 447 93528 5

Copyright notice
All rights reserved. No part of this publication may be reproduced in any form or by any means (including photocopying or storing it in any medium by electronic means and whether or not transiently or incidentally to some other use of this publication) without the written permission of the copyright owner, except in accordance with the provisions of the Copyright, Designs and Patents Act 1988 or under the terms of a licence issued by the Copyright Licensing Agency, Saffron House, 6–10 Kirby Street, London EC1N 8TS (www.cla.co.uk). Applications for the copyright owner's written permission should be addressed to the publisher.

Printed in Great Britain by Ashford Colour Press Ltd.

Acknowledgements
We would like to thank Teresa Álvarez, Samantha Alzuria Snowden, Clive Bell, Naomi Laredo, Ana Cristina Llompart, Esther Mallol, Ruth Manteca Tahoces and Sara McKenna for their invaluable help in the development of this course.

The authors and publisher would like to thank the following individuals and organisations for permission to reproduce copyright material:

Superpop www.superpop.es/cine-tv/peliculas/el-sueno-de-ivan p.19; Buscarempleo.es p.29; Grupo 20minutos S.L. p.40; Educaweb.com p.41; Manu Sánchez Montero p.41; UNICEF Bolivia p.74; Raquel Carvajal Amador, Imagen de Veracruz p.75; © International Labour Organization p.74; Fundación Gloria Fuertes p.86; UNICEF Comité Español p.86; Footstep Productions p.87; Water Footprint p.87; 2009 Asociación de Hosteleros Plaza Mayor p.96; Mapoma www.rocknrollmadrid.com p.98; Empresa Municipal de Transportes de Madrid, Archivo Gráfico p.99; Zoo Aquarium de Madrid and Zoos Ibéricos S.A. p.99, p.101, p.111; Guías Civitatis S.L. p.111

The authors and publisher would like to thank the following individuals and organisations for permission to reproduce photographs:

(Key: b-bottom; c-centre; l-left; r-right; t-top)

123RF.com: Antonio Gravante 33 (h), Fernando Sanchez 102 (b), monphoto 124 (a), nito500 52 (h), Olaf Speier 128 (b), one blink 129tl, Ricardo Kuhl 118b, rido 122 (c), Sascha Burkard 120c, subbotina 124 (d), Suzanne Tucker 15, yelo34 127r, Yulia Davidovich 62 (a); **Alamy Images:** AF archive 12 (a), 12 (g), 121, age fotostock 100/1, 101l, Alamy 6c, Alan Gignoux 87, Alex Segre 28bl, 106 (i), 128 (f), Alexander Podshivalov 33 (d), Allstar Picture Library 8, Bernardo Galmarini 118 (d), Carlos Dominique 103, dbimages 76 (b), directphoto.bz 80/1, Fabienne Fossez 53l, Image Source 28, 80/2, imageBROKER 33 (g), 80/4, 128 (a), JACK LUDLAM 41 (a), Martin Thomas Photography 100/5, Moviestore collection Ltd 6l, 12 (f), OCTAVIO GLOBAL 41 (c), Peter D Noyce 83, Peter Schickert 81tl, Photolocation ltd 16tl, Pictorial Press Ltd 12 (c), Rob Cleary 106 (k), Steve Vidler 49; **Corbis:** Andreas von Einsiedel 75 (b), Bernd Euler / the food passionates 50t, Carmen Redondo 86t, DANIEL MOREL / Reuters 86cr, Jorge Sanz / Demotix 101r, 102 (c), 128 (e), Kike Calvo / National Geographic Society 22, RAW FILE / Masterfile 80/6, TOBY MELVILLE / Reuters 75 (a), WIN-Images 79; **Fotolia.com:** Kitty 29b; **Getty Images:** 40/2, 40/3, AFP 29 (a), Alberto E. Rodriguez 29 (d), ALEJANDRO PAGNI / Stringer 6b, Andres Rodriguez 57, Ariel Skelley 41 (b), Aurora 51bl, carrollphoto 16 (d), Chris Ryan 40t, Cultura / Stefano Oppo 43, dream pictures 129tr, Ezra Shaw 54 (e), FilmMagic 28t, 40/1, Gamma-Rapho 86cl, Gonzalo Arroyo Moreno / Stringer 106 (g), hadynyah 76 (c), Hemera Technologies 62 (e), i love images 78 (d), igor kisselev 75 (c), John Warburton-Lee 49tr, Johnny Haglund 81, JRL 41 (d), Jupiterimage 7t, Kondoros Éva Katalin 80/3, Michael Krinke 80/5 (a), Paul Popper / Popperfoto 28tc, Predrag Vuckovic 122 (d), Sean Murphy 81tr, skynesher 54 (j), Steve Debenport 85, Stockbyte 51br, sturt 100t, The Washington Post 126t, WireImage 29 (b), 40/4; **Imagemore Co., Ltd:** 54 (a); **Pearson Education Ltd:** Studio 8 28cr, 33 (c), 55b, Handan Erek 110bl, Justin Hoffmann 98/1, 98/2, 98/3, 98/4, 98/5, 98/6, 102 (f), 109, Terry Leung. Pearson Education Asia Ltd 80/5 (b), Miguel Domínguez Muñoz 72/1, 72/2, 72/3, 72/4, 72/5, 72/6, 72/7, Jules Selmes 55t, 76 (e), 96tl, Steve Shott 32, Martin Sookias 106 (h); **Photolibrary.com:** Copyright Holders 110cl; **PunchStock:** Goodshoot 68; **Reuters:** Carlos Garcia Rawlins 78 (e); **Rex Features:** Kieran McManus / BPI 29 (c), Madridismo SL / SIPA 126b, Mike Frey / BPI 29 (e), Startraks Photo 6cr; © **Rough Guides:** Tim Draper 16tr, 97bl; **Shutterstock.com:** 75tr, Africa Studio 52 (d), 62 (d), 124 (c), Aman Ahmed Khan 76 (d), Andrei Zarubaika 61t, Anibal Trejo 118 (c), Anton_Ivanov 77, Artur Bogacki 106 (j), 111b, auremar 120t, bikeriderlondon 36, Blend Images 90, bonchan 102 (e), 106 (l), Crisp 52 (b), Darios 110tr, Diego Cervo 33 (f), 211 (a), Dja65 102 (d), gary yim 118 (b), gori910 52 (c), gorillaimages 111t, Gunter Nezhoda 78 (f), I T A L O 54 (f), Iakov Filimonov 51tc, Joshua Resnick 52 (f), karamysh 62 (c), katalinks 54 (h), Lasse Kristensen 62 (b), lava296 7c, Maridav 125, Mark Herreid. 54 (b), Mircea BEZERGHEANU 52 (a), 220 (e), Monkey Business Images 16 (c), 49tl, 79b, 99, muss 28cl, Nikola Bilic 52 (g), Olena Zaskochenko 127l, Olga Reutska 110tl, Pedro Rufo 110t, Peter Bernik 41t, pudi studio 122 (b), Quintanilla 100/2, Rrrainbow 53r, Sabphoto 62tl, Samuel Borges Photography 55, Sergio Schnitzler 118 (e), Serjio74 118 (a), sianc 76 (a), stephen rudolph 54 (d), Svetlana Lukienko 52 (j), 124 (f), T photography 118 (f), Tom Gowanlock 52 (i), 124 (b), Tupungato 49br, Vaju Ariel 100/4, 110cr, Vikulin 120b, Vladimir Koletic 33 (b), wavebreakmedia 33 (e), Wojtek Jarco 52 (e); **Sozaijiten:** 123t; **SuperStock:** Michael Weber / imagebr / imageBROKER 110br; **The Kobal Collection:** 100 BARES / 369 PRODUCTIONS / ANTENA 3 FILMS / CATMANDU BRANDED ENTERTAINMENT / INCAA / ICO 18tc, 20TH CENTURY FOX / THE KOBAL COLLECTION 6, CASTAFIORE FILMS / TORNASOL FILMS 19, COLUMBIA PICTURES / SPYGLASS / THE KOBAL COLLECTION / COOPER, ANDREW 12 (b), NEW LINE / SAUL ZAENTZ / WING NUT / THE KOBAL COLLECTION / VINET, PIERRE 12 (h), TELEFE / 100 BARES / CS ENTERTAINMENT / INCAA / MANOS DIGITALES ANIMATION STUDIO 18tl, TWENTIETH CENTURY-FOX FILM CORPORATION 12 (d), VERSATIL CINEMA 18tr; **Veer / Corbis:** 6865452 26, Andresr 38, Andrey Armyagov 54 (i), angelsimon 50c, Dean Drobot 9t, Denys Kuvaiev 9c, Dmitry Kalinovsky 54 (g), Goga 63, goldenKB 55tl/2, H2O 7b, iofoto 78 (a), Ionescu Bogdan Cristian 74, Jan Skwara 12 (e), julydfg 72/8, kovalvs 7bl, KWPhoto 9b, nito 96b, noblige 78 (b), Nupix 128 (c), Patrick Lane 78 (c), PT Images 127b, pzAxe 7br/2, Rawich Liwlucksaneeyanawin 7br, sqback 75tr/2, sumners 51t, supersaiyan3 54 (c), ventdusud 97l; **www.imagesource.com:** Blend 100/3, 128 (d), yellowdog 33 (a); **Zoo Aquarium de Madrid and Zoos Ibéricos S.A.:** Antonio Guillem 102 (a)

All other images © Pearson Education Limited

Picture Research by: Caitlin Swain

Every effort has been made to contact copyright holders of material reproduced in this book. Any omissions will be rectified in subsequent printings if notice is given to the publishers.

Websites
Pearson Education Limited is not responsible for the content of any external internet sites. It is essential for tutors to preview each website before using it in class so as to ensure that the URL is still accurate, relevant and appropriate. We suggest that tutors bookmark useful websites and consider enabling students to access them through the school/college intranet.

¡CONTENIDOS!

¡MODULE 1! Somos así 6

Unit 1 Cosas que me chiflan 8
Talking about things you like
Using **gustar** with nouns in the present tense

Unit 2 Mi semana 10
Talking about your week
Using regular verbs in the present tense

Unit 3 Cartelera de cine 12
Talking about films
Using the verb **ir** in the present tense

Unit 4 Un cumpleaños muy especial 14
Talking about birthday celebrations
Using the near future tense

Unit 5 LISTENING SKILLS
¿Dónde? ¿Quién? ¿Qué? ¿Cuándo? 16
Understanding longer, spoken texts
Using the four Ws when listening

Zona Lectura: Club de cine 18
Reading about films
Understanding authentic texts

Resumen 20

Prepárate 21

Gramática 22

Palabras 24

Zona Proyecto: Así soy yo 26
Writing a rap
Using rhyme and rhythm in Spanish

¡MODULE 2! ¡Oriéntate! 28

Unit 1 Hotel Desastre 30
Saying what you have to do at work
Using **tener que**

Unit 2 ¿En qué te gustaría trabajar? 32
Saying what job you would like to do
Using correct adjective agreement

Unit 3 ¿Qué tal ayer en el trabajo? 34
Saying what you did at work yesterday
Using the preterite of regular verbs

Unit 4 ¿Cómo es un día típico? 36
Describing your job
Using the present and the preterite together

Unit 5 WRITING SKILLS
Mi diccionario y yo 38
Checking for accuracy and looking up new words
Using reference materials

Zona Lectura: ¡A trabajar! 40
Coping with authentic texts
Skimming and scanning a text

Resumen 42

Prepárate 43

Gramática 44

Palabras 46

Zona Proyecto: Un monólogo divertido 48
Creating a funny character
Performing a comic monologue

tres 3

¡MODULE 3! En forma 50

Unit 1 ¿Llevas una dieta sana? 52
Talking about diet
Using negatives

Unit 2 ¡Preparados, listos, ya! 54
Talking about an active lifestyle
Using stem-changing verbs

Unit 3 ¿Cuál es tu rutina diaria? 56
Talking about your daily routine
Using reflexive verbs

Unit 4 ¡Me duele todo! 58
Talking about ailments
Using different verbs to describe illness

Unit 5 ¡Muévete! 60
Talking about getting fit
Using **se debe / no se debe**

Unit 6 SPEAKING SKILLS
Mi rutina diaria 62
Giving a presentation about your lifestyle
Creating interesting sentences

Zona Lectura: Me tomas el pelo 64
Understanding Spanish idioms
Reading Spanish songs and poems

Resumen 66

Prepárate 67

Gramática 68

Palabras 70

Zona Proyecto: Una rutina de baile 72
Teaching a dance routine
Revising the imperative

¡MODULE 4! Jóvenes en acción 74

Unit 1 Niños del mundo 76
Talking about children's lives
Using the 'he/she/it' form of verbs

Unit 2 Mis derechos 78
Talking about children's rights
Using the verb **poder**

Unit 3 ¿Cómo vas al insti? 80
Talking about journeys to school
Using the comparative

Unit 4 ¡Un mundo mejor! 82
Talking about environmental issues
Using the 'we' form of verbs

Unit 5 WRITING SKILLS
Recaudamos dinero 84
Writing about raising money for charity
Looking up verbs in a dictionary

Zona Lectura: Solidarios 86
Reading about world issues
Using questions and general knowledge
to work out meaning

Resumen 88

Prepárate 89

Gramática 90

Palabras 92

Zona Proyecto:
Las historias que contamos 94
Understanding a Peruvian folk tale
Writing a story for young children

4 cuatro

Una aventura en Madrid 96

Unit 1 ¡Mucho gusto! 98
Meeting and greeting people
Using expressions with **tener**

Unit 2 La caza del tesoro 100
Talking about a treasure hunt
Using the superlative

Unit 3 Mi día favorito 102
Describing a day trip
Using the preterite of irregular verbs

Unit 4 En la tienda de recuerdos 104
Discussing buying souvenirs
Using **tú** and **usted**

Unit 5 Mi último día en Madrid 106
Discussing the final day of a visit
Using three tenses

**Unit 6 SPEAKING SKILLS
Lo siento, no entiendo** 108
Making yourself understood
Saying the right thing in different situations

Zona Lectura: De paseo por Madrid 110
Reading authentic texts about Madrid
Using strategies to access harder texts

Resumen 112
Prepárate 113
Gramática 114
Palabras 116

Zona Proyecto: ¡Eres guía turístico! 118
Giving information about tourist attractions
Recording an audio commentary for a bus tour

Te toca a ti 120
Tabla de verbos 130
Spanish key sounds 132
Minidiccionario 133

cinco 5

¡MODULE 1! Somos así

1 ¿Cómo se llaman estas películas en inglés?

1 *Solo en casa*
2 *Las aventuras de Tintín*
3 *Pequeña Miss Sunshine*

2 ¿Qué actor es mexicano?

a Vincent Cassel
b Gael García Bernal
c Javier Bardem

Did you know that the Mexican film industry is very influential and has produced some excellent directors? Alfonso Cuarón directed *Harry Potter and the Prisoner of Azkaban* and *Gravity* and Guillermo del Toro is responsible for films including *Pan's Labyrinth* and *Pacific Rim*.

Alfonso Cuarón

Guillermo del Toro

3 ¿Qué equipo de fútbol es de un país donde se habla español?

a Juventus Football Club S.p.A.
b São Paulo Futebol Clube
c Club Atlético Boca Juniors

6 seis

Somos así – 1

4 Mira la foto y el gráfico. ¿A qué se refieren?

a un parque de atracciones
b un medicamento
c un problema serio

NIVEL DE ADRENALINA
¡Descubre el nivel de adrenalina de esta atracción!

FUERTE

5 ¿Cuál de estos parques de atracciones es un parque **acuático**?

a Terra Mítica, Benidorm
b Isla Mágica, Sevilla
c Aqualand Costa Adeje, Tenerife

6 Mira el anuncio. ¿Con cuántos años puedes hacer karting aquí?

a 9 años
b 13 años
c 25 años

KARTING   INICIO   PISTAS   KARTS   SERVICIOS   FOTOS   VÍDEOS   GRUPOS Y EMPRESAS

Kart Super Niños

Potencia: 5,5 CV
Edad: De 10 a 15 años
Pista: Grande

siete 7

Cosas que me chiflan

- Talking about things you like
- Using **gustar** with nouns in the present tense

1
¿Quién habla? Escucha y escribe el nombre correcto. (1–4)

Ejemplo: **1** Samuel

¿Qué cosas te gustan?
¿Qué cosas no te gustan nada?

David

los videojuegos / el fútbol / ¡NO A LA VIOLENCIA! / la violencia

Isabel

el deporte / la música / los deberes

Samuel

la tele / las artes marciales / los insectos

Martina

el dibujo / los animales / ¡NO AL RACISMO! / el racismo

Me encanta(n)…
Me chifla(n)…
Me gusta(n) mucho…

Me gusta(n)…
No me gusta(n)…
No me gusta(n) nada…

Singular noun: **Me gusta** el deporte.
Plural noun: **Me gustan** los videojuegos.

Gramática

There are four words in Spanish for 'the':

	singular	plural
masculine	**el** fútbol	**los** animales
feminine	**la** tele	**las** artes marciales

When you give opinions with **me gusta(n)** etc., you <u>must</u> use **el**, **la**, **los** or **las** before the noun, even if you wouldn't use 'the' in English.

Me gusta **la** música.   I like music.
No me gustan **los** insectos.   I don't like insects.

2
Con tu compañero/a, inventa entrevistas con las personas del ejercicio 1.

With your partner, invent interviews with the people in exercise 1.

- ● ¿Qué cosas te gustan, <u>David</u>?
- ■ Me gustan <u>los videojuegos</u> y me encanta(n)… / me chifla(n)…
- ● ¿Qué cosas no te gustan nada?
- ■ No me gusta(n)… / No me gusta(n) nada…

Pronunciación

Use the key phonics to help you pronounce **c** in Spanish:
- artes mar**c**iales (a 'th' sound, as in **c**ebra)
- mú**c**ica (a 'k' sound, as in **c**amello).

Remind yourself of the key Spanish sounds on page 132.

3
Eres un famoso o una famosa. ¿Qué cosas te gustan? ¿Qué cosas no te gustan?

Ejemplo: Soy Selena Gomez. Me encanta la música y me chiflan los animales, pero no me gusta nada el deporte.

8 ocho

Somos así – 1.1

Escucha y lee los textos. Luego, copia y completa la tabla.

name	likes	other information
Diego	martial arts	is a member of a judo club …

 Soy Diego. Me chiflan las artes marciales. Soy miembro de un club de judo y soy cinturón rojo. Mis dos hermanos son cinturón verde. Mi entrenador es cinturón negro, por supuesto.

Soy Natalia. En mi familia somos todos músicos. Mi padre es pianista y mi madre es guitarrista. Toco el saxofón todos los días y me encanta el jazz. Soy miembro de un club de jazz en mi insti. ¿Eres músico también?

 Soy Camila. ¡Me encantan los insectos! Mi colección es extensa, tengo casi tres mil insectos en total. Son muy interesantes. Me chifla el arte y también dibujo mis insectos. ¿Qué cosas te gustan?

casi almost

Gramática

Ser (to be) is an important irregular verb. It works like this in the present tense:

ser	to be
soy	I am
eres	you are
es	he/she is
somos	we are
sois	you (plural) are
son	they are

Soy miembro de un club.
I am a member of a club.

¿**Eres** miembro de un equipo?
Are you a member of a team?

➤➤ p22

Busca las frases en español en los textos del ejercicio 4.

1 **I am** a member of a club.
2 **My trainer is** a black belt.
3 **We are** all musicians.
4 **Are you** a musician, too?
5 **They are** very interesting.

Escucha la conversación. Dos actividades no se mencionan. Escribe las dos letras correctas.

a 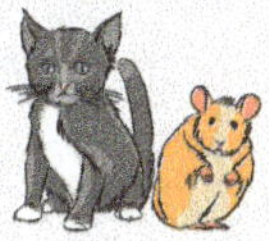 　b 　c 　d 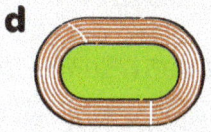　e 　f

Escucha otra vez. Escribe las letras de las reacciones en el orden correcto.

a 🙂 ¡Fenomenal!　b 🙂 ¡Qué guay!　c 🙁 ¿Estás loco/a?　d 🙁 ¡No es posible!

Trabaja en un grupo de cuatro personas. ¿Qué cosas te gustan? Pregunta, contesta y reacciona.
Work in a group of four people. What do you like? Ask, answer and react.

● ¿Qué cosas te gustan?　　　▲ ¡Fenomenal! Me encanta el tenis.
■ Me gusta el tenis. Soy miembro de un club.　◆ ¿Estás loco/a? No me gusta nada el tenis.

Copia y completa el perfil. Luego escribe tu perfil.
Copy and complete the profile. Then write your profile.

SKILLS — Using connectives

To make your sentences more interesting, use connectives like **y** (and), **pero** (but) and **también** (also).

nueve　9

Mi semana

o Talking about your week
o Using regular verbs in the present tense

1 Escucha y lee la canción. Pon los dibujos en el orden correcto.

Ejemplo: d, …

¿Cómo organizas tu semana?

lun	1	Los lunes después del insti, (monto en bici). Me chifla, me chifla, me chifla mi bici.
mar	2	Los martes (bailo Zumba®) o a veces salsa. Me encanta el baile. ¡Olé, olé, olé!
mié	3	Los miércoles (saco fotos), soy miembro de un club. Me gusta, me gusta la fotografía.
jue	4	Los jueves (leo libros) con mis amigos. Me chiflan, me chiflan, me chiflan los libros.
vie	5	Los viernes (cocino para mi familia). ¡Me encanta, me encanta, me encanta la cocina!
sáb	6	Los sábados (veo un partido de fútbol). Me chifla, me chifla, me chifla… ¡Gooooool!
dom	7	Los domingos por la tarde (toco el teclado). Me gusta, me gusta, me gusta el piano.

a b c d e f g

el teclado — keyboard

2 Lee la canción otra vez. Escribe un resumen del texto en inglés.

Ejemplo: On Mondays I ride my bike. On Tuesdays I…

3 Juego de memoria. Cierra el libro. Con tu compañero/a, pregunta y contesta según la canción.
Memory game. Close the book. With your partner, ask and answer according to the song.

● ¿Cómo organizas tu semana?
■ Pues… los lunes monto en bici.

● ¿Y los martes?
■ Los martes bailo Zumba o salsa…

Gramática

Remember how the present tense of regular verbs works:

bailar	to dance	leer	to read	escribir	to write
bailo	I dance	leo	I read	escribo	I write
bailas	you dance	lees	you read	escribes	you write
baila	he/she dances	lee	he/she reads	escribe	he/she writes
bailamos	we dance	leemos	we read	escribimos	we write
bailáis	you (plural) dance	leéis	you (plural) read	escribís	you (plural) write
bailan	they dance	leen	they read	escriben	they write

Some verbs change their stem: jugar (to play) → juego (I play).
Some verbs are irregular in the 'I' form: hacer (to do) → hago (I do).

>> p22

diez

4 Escribe estas frases correctamente. Tradúcelas al inglés.

1 insti toco Después la guitarra del
2 Zumba Los bailamos viernes
3 ¿instrumento un Tocas?
4 domingos partido Los vemos voleibol un de
5 ¿fotos tu con Sacas móvil?
6 Los para padre mi cocina la lunes familia

5 Lee los textos. Contesta a las preguntas en inglés.

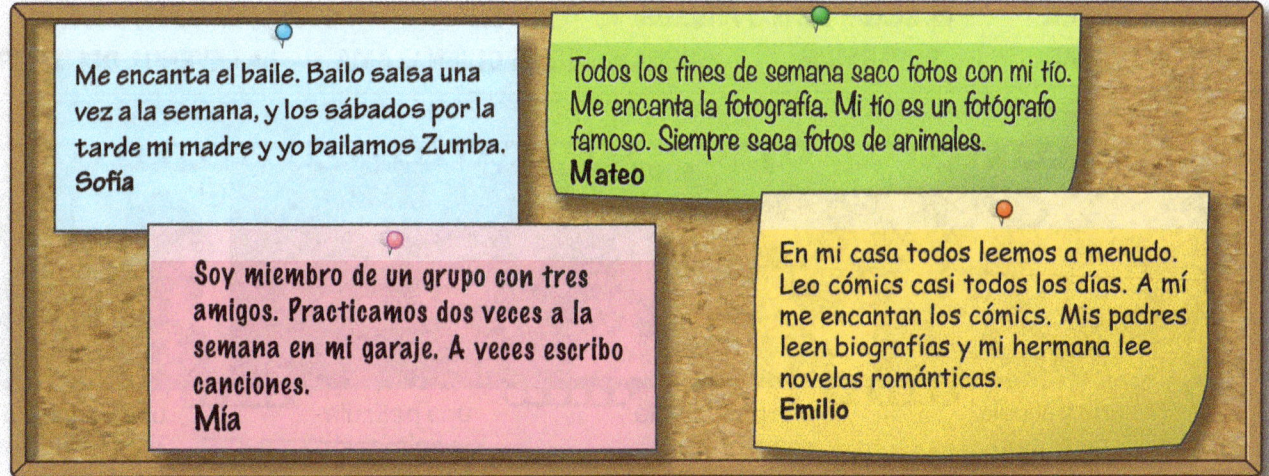

Me encanta el baile. Bailo salsa una vez a la semana, y los sábados por la tarde mi madre y yo bailamos Zumba.
Sofía

Todos los fines de semana saco fotos con mi tío. Me encanta la fotografía. Mi tío es un fotógrafo famoso. Siempre saca fotos de animales.
Mateo

Soy miembro de un grupo con tres amigos. Practicamos dos veces a la semana en mi garaje. A veces escribo canciones.
Mía

En mi casa todos leemos a menudo. Leo cómics casi todos los días. A mí me encantan los cómics. Mis padres leen biografías y mi hermana lee novelas románticas.
Emilio

How often does…
1 Sofía do salsa?
2 Emilio read comics?
3 Mía write songs?
4 Mía's band practise?
5 Mateo take photos with his uncle?
6 Mateo's uncle take photos of animals?

una vez a la semana	once a week
dos veces a la semana	twice a week
a veces	sometimes
a menudo	often
siempre	always
casi todos los días	almost every day
todos los fines de semana	every weekend

6 Escucha. ¿Qué hacen y cuándo? Copia y completa la tabla en inglés. (1–5)

	what?	when / how often?
1	cooks for the family	Sundays

7 ¿Cómo organizas tu semana? Escribe una presentación sobre tu semana.

Write about:

○ two things you like (👍 👍 y 📷 .)

○ when / how often you do them (Todos los días 📷 . Los lunes .)

○ what else you like (También 👍 y 👍 .)

○ when you do them (Los fines de semana . Y los domingos .)

SKILLS — Adding information

To extend your sentences further, use:

○ connectives: **y, pero, también**
○ extra details: **después del insti, en casa, con mis amigos.**

8 Practica y haz tu presentación en clase.

¡3! Cartelera de cine

- Talking about films
- Using the verb **ir** in the present tense

1 ESCUCHAR

El club de cine planifica su programación. ¿Qué tipo de película es? Escucha y escribe la letra correcta. (1–8)

Ejemplo: **1** c

SHREK	EL SEÑOR DE LOS ANILLOS	ELF	007: OPERACIÓN SKYFALL
AVATAR	SUPERMAN	SCREAM: VIGILA QUIÉN LLAMA	LA LEYENDA DEL ZORRO

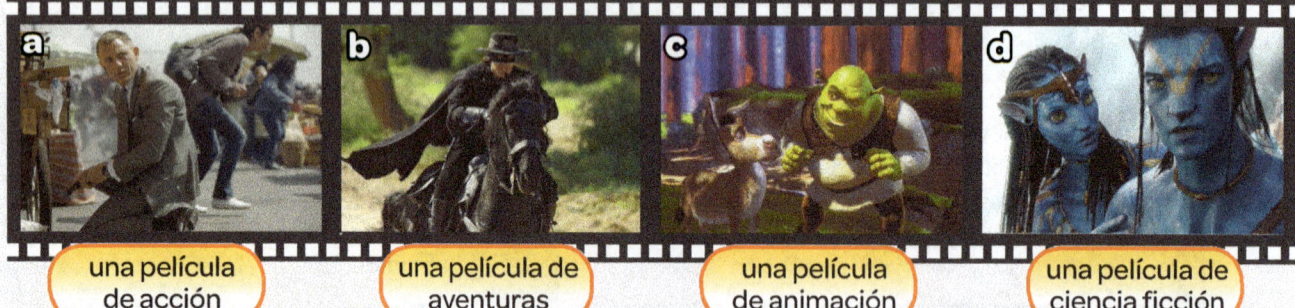

a
una película de acción

b
una película de aventuras

c
una película de animación

d
una película de ciencia ficción

e
una película de terror

f
una comedia

g
una película de superhéroes

h
una película de fantasía

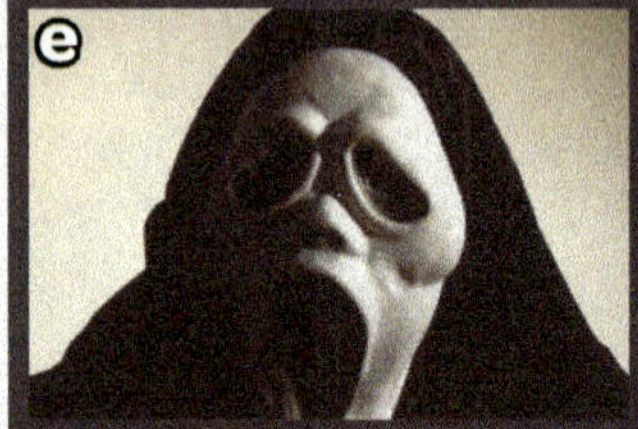

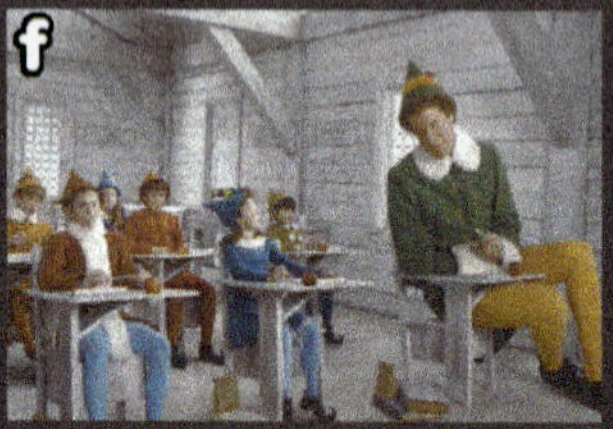

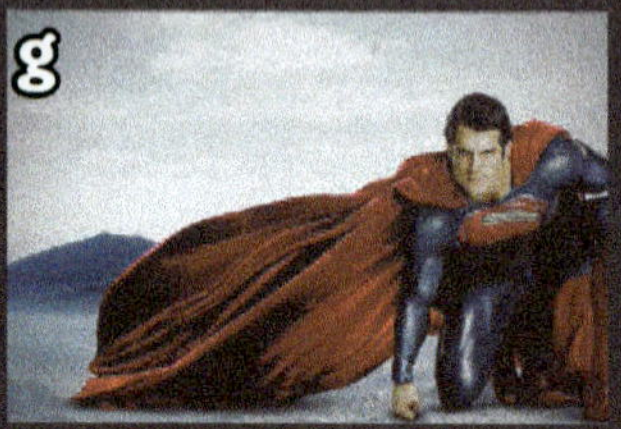

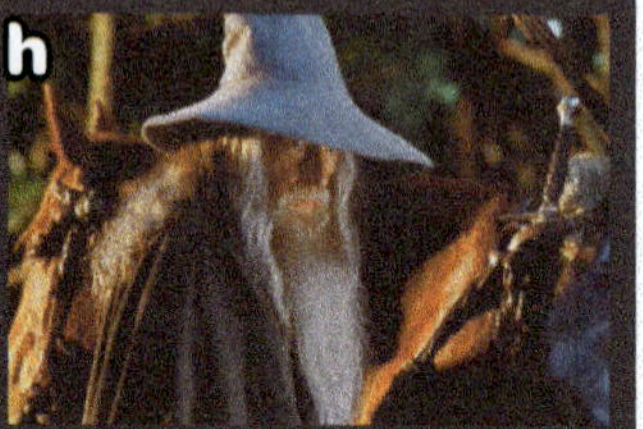

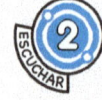

2 ESCUCHAR

Escucha otra vez e indica la opinión.

Ejemplo: **1** ♥♥

¡Me encantan! / ¡Me chiflan! ♥♥♥
¡Me gustan mucho! ♥♥
¡Me gustan! ♥
¡No me gustan! ✗
¡No me gustan nada! ✗✗

3 HABLAR

Mira la lista de películas. En un grupo, haz diálogos.

● *El mito de Bourne*, ¿qué tipo de película es?
■ En mi opinión, *El mito de Bourne* es una comedia.
▲ No. Creo que es una película de ciencia ficción.
◆ ¿Estás loco/a? *El mito de Bourne* es una película de acción.
● ¿Te gustan las películas de acción?
◆ Sí, ¡me encantan!

Use the **indefinite article** to say what sort of film it is:
Es **una** película de acción.
It's an action film.

Use the **definite article** to give your opinion:
Me encantan **las** películas de acción.
I love action films.

G.I. JOE: LA VENGANZA | Alicia en el País de las Maravillas | El mito de Bourne | Invasión zombie | Los juegos del hambre

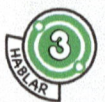

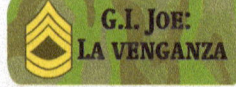

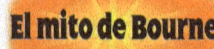

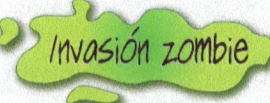

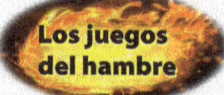

4 ESCRIBIR **Responde a la encuesta. Escribe frases en español.**

Ejemplo: **1** Voy al cine dos veces al mes.

al mes *per month*

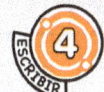

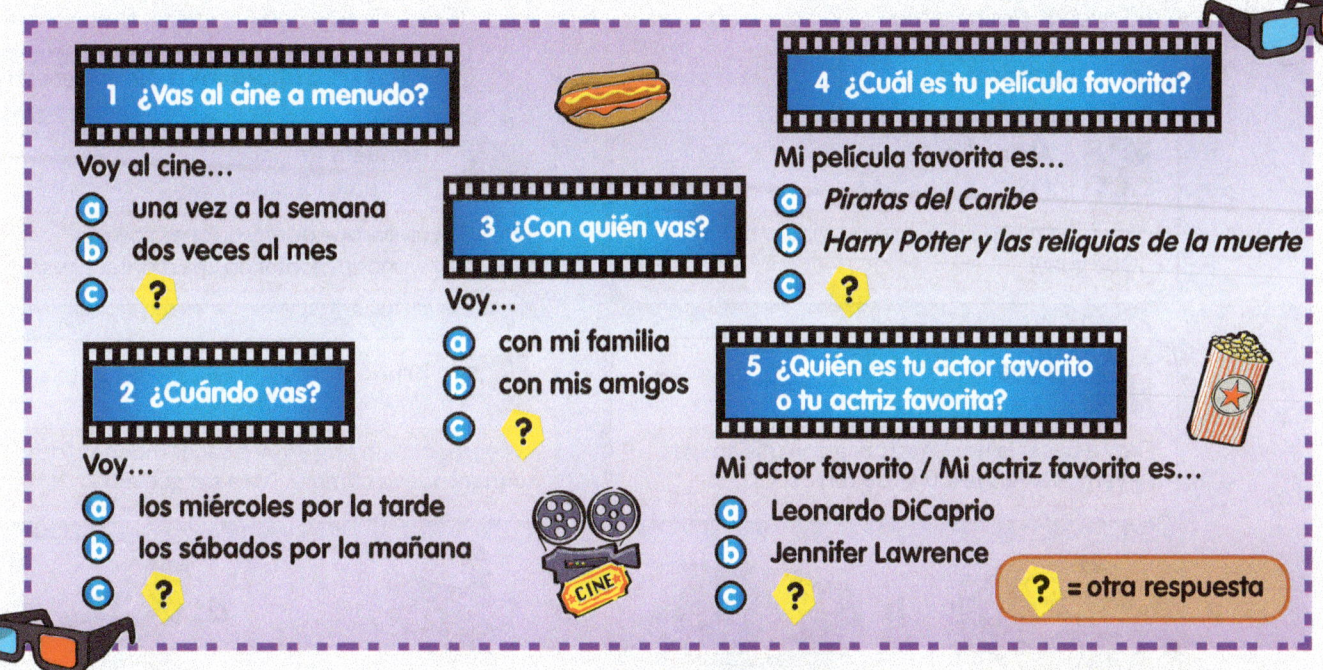

1 ¿Vas al cine a menudo?

Voy al cine…

- a una vez a la semana
- b dos veces al mes
- c ?

2 ¿Cuándo vas?

Voy…

- a los miércoles por la tarde
- b los sábados por la mañana
- c ?

3 ¿Con quién vas?

Voy…

- a con mi familia
- b con mis amigos
- c ?

4 ¿Cuál es tu película favorita?

Mi película favorita es…

- a *Piratas del Caribe*
- b *Harry Potter y las reliquias de la muerte*
- c ?

5 ¿Quién es tu actor favorito o tu actriz favorita?

Mi actor favorito / Mi actriz favorita es…

- a Leonardo DiCaprio
- b Jennifer Lawrence
- c ?

? = otra respuesta

5 ESCUCHAR **Lee la encuesta otra vez y escucha las entrevistas. Contesta a las preguntas en inglés.**

1 How often does Sara go to the cinema?
2 Who does she go with?
3 When does Lorenzo go to the cinema?
4 What is his favourite film?
5 How often does Mariana go to the cinema?
6 Who is her favourite actor or actress?

Gramática

Ir (to go) is an important irregular verb. It works like this in the present tense:

ir	to go
voy	I go
vas	you go
va	he/she goes
vamos	we go
vais	you (plural) go
van	they go

>> p22

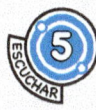

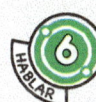

6 HABLAR **Haz una encuesta en clase. Utiliza las preguntas del ejercicio 4.**

- ● ¿Vas al cine a menudo?
- ■ Voy dos veces al mes.
- ● …

When you say how often you go to the cinema, the time expression can go before or after **al cine** – both are correct:

Voy a menudo al cine.
Voy al cine a menudo.

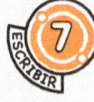

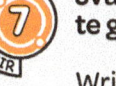

7 ESCRIBIR **¿Vas a menudo al cine? ¿Qué tipo de películas te gustan? Describe tus preferencias.**

Write about:

- how often you go to the cinema **(Voy al cine una vez al mes.)**
- who you go with and when **(Voy con mi tía y vamos los domingos.)**
- what films you like and dislike **(Me encantan las… También me chiflan… Pero no me gustan…)**
- what your favourite film is **(Mi película favorita es… Es una…)**
- who your favourite actor is **(Mi actor / actriz favorito/a es…)**.

¡4! Un cumpleaños muy especial

○ Talking about birthday celebrations
○ Using the near future tense

Lee los tuits. ¿Cómo van a celebrar su cumpleaños? Escribe las dos letras correctas para cada persona.
Read the tweets. How are they going to celebrate their birthdays? Write the two correct letters for each person.

Ejemplo: Alejandro: d, …

> **la montaña rusa** *roller coaster*

 Alejandro @aja99
#cumpleañosfeliz
Voy a jugar al paintball o voy a ir a la bolera. ¡Qué guay!

 Manuela @mani
#cumpleañosfeliz
Voy a ir a un parque de atracciones con mis amigos y vamos a montar en una montaña rusa.

 Luna @lunablanca
#cumpleañosfeliz
Voy a pasar la noche en casa con mis amigas y vamos a ver películas de terror.

 Bruno @bruno10
#cumpleañosfeliz
Voy a hacer karting y voy a sacar muchas fotos con mi nueva cámara. ¡Va a ser genial!

a  b   c  d

e  f  g  h

Gramática

Do you remember how to form the near future tense? Use the present tense of the verb **ir** plus **a**, followed by an infinitive.

Voy a ver una comedia.	I am going to see a comedy.	**Vamos a** sacar fotos.	We are going to take photos.
Vas a bailar.	You are going to dance.	**Vais a** comer pizza.	You (plural) are going to eat pizza.
Va a ser guay.	It is going to be cool.	**Van a** jugar al lasertag.	They are going to play lasertag.

>> p23

¿Cómo van a celebrar? Escucha y escribe la(s) letra(s) correcta(s) del ejercicio 1. ¿La reacción es positiva 😊 o negativa ☹? (1–4)

> **la semana que viene** *next week*

Ejemplo: 1 b 😊

Con tu compañero/a, añade otra actividad a la frase cada vez.

● Mañana es mi cumpleaños, voy a hacer karting.
■ Mañana es mi cumpleaños, voy a hacer karting y voy a jugar al paintball.
● …

Completa las frases en el futuro.

Ejemplo: 1 Yo voy a sacar fotos.

1 Yo  .   2 Olivia  .   3 ¿Qué tipo de película  ?

4 Marco  .   5 Yo _____ .   6 Mis amigos y yo _____ .

Somos así – 1.4

5 Lee los textos. Escribe el nombre correcto.

Ejemplo: **1** Gabriela

> ¿Cómo vas a celebrar tu cumpleaños? ¿Qué planes tienes?

> El fin de semana que viene voy a celebrar mi cumpleaños. Voy a ir con mi familia a hacer zorbing. Vamos a ir en tren. Luego vamos a hacer un picnic en un parque enorme. Después vamos a montar en bici. Por la noche vamos a cenar en un restaurante chino. ¡Me chifla la comida china!
> **Axel**

> El nueve de febrero voy a celebrar mi cumpleaños con mis amigos. Vamos a ir a un parque acuático, donde hay una piscina con olas. ¡Vamos a hacer surf! Luego vamos a descender por los rápidos. ¡Va a ser increíble!
> **Marcos**

| las olas | waves |
| el mes | month |

> El mes que viene va a ser mi cumpleaños. Voy a invitar a mis amigos a pasar la noche en mi casa. Mi padre va a preparar una tarta de chocolate porque cocina muy bien. Primero vamos a ver una comedia. Más tarde vamos a cantar canciones con mi consola de karaoke. ¡Va a ser fenomenal!
> **Gabriela**

Whose birthday...
1 is next month?
2 will involve two modes of transport?
3 will involve water?

Who...
4 is going to go out with friends?
5 is going to watch a film?
6 is going to eat outdoors?

Zona Cultura

In many Latin American countries, the **quinceañera** (fifteenth birthday) is a very important event. From their fifteenth birthday, girls are viewed as adults. It is an important birthday for boys, too. Are there any celebrations like this in your culture?

6 Traduce el texto de Gabriela al inglés.

7 Escucha y apunta los datos sobre las celebraciones en español. (1–4)

	¿cuándo es?	¿actividades?	¿opinión?
1	13 mayo	parque / tenis	divertido

Taking notes

When taking notes as you listen, try to write down key words or even just the first few letters of a word.

8 Con tu compañero/a, imagina tu cumpleaños. Inventa los detalles.

● ¿Cuándo es tu cumpleaños?
■ Mi cumpleaños es el... de...

● ¿Cómo vas a celebrar?
■ Voy a... Vamos a... Me chifla(n)... ¡Va a ser...!

> Don't forget to use sequencers to organise your writing: **primero** (first of all), **luego** (then), **después** (afterwards), **más tarde** (later).

9 Describe tus planes para un cumpleaños muy especial. Escribe un texto.

Write about:
○ what you like (**Me chifla(n)...**)
○ when your next birthday is (**Mi cumpleaños es el...**)
○ where you are going to go for your birthday (**Voy a ir a...**)
○ who you are going to go with (**Voy a ir con...**)
○ what you are going to do (**Primero vamos a... Luego...**)
○ what it is going to be like (**¡Va a ser guay!**).

quince 15

¿Dónde? ¿Quién? ¿Qué? ¿Cuándo?

○ Understanding longer, spoken texts
○ Using the four Ws when listening

SKILLS

Listening for clues

Focusing on the four Ws (Where? Who? What? When?) will help you answer listening questions.

When listening for **where**, make use of any clues. Speakers may not mention an actual place name, so listen out for other words and background noises that hint at the location.

Escucha. ¿Dónde están? Escribe la letra de la foto correcta. (1–4)

Ejemplo: **1** c

a

b

c

d

¿Con quién van a ir? Escucha y escribe la letra correcta. Sobra una posibilidad. (1–4)

Ejemplo: **1** c

a with my family
b with my brothers
c with my friends
d with my school
e with my class

SKILLS

Predicting when listening

Predicting what you are going to hear is a very useful skill. In exercise 2, look at the answer options and think about **who** might be mentioned. Make a list of possible phrases in Spanish, e.g. **con mi familia**.

16 dieciséis

Somos así – 1.5

3 ¿Qué tipo de película es? Escucha y escribe la letra correcta. (1–4)

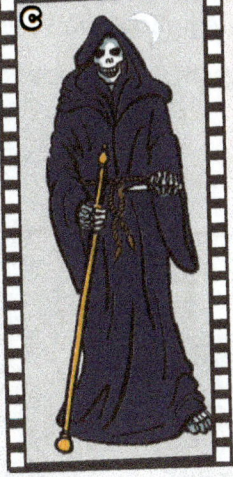

SKILLS — Listening for indirect information
When speakers don't say exactly **what** they are talking about, you also have to work it out from the clues. For example, if they are discussing a film and someone says it was funny, you can guess that they probably saw a comedy.

4 Con tu compañero/a, decide si las expresiones se usan en el **presente** o en el **futuro**.

Ejemplo:
● 'Casi todos los días'. ¿Es presente o futuro?
■ Creo que es presente. 'En dos años', ¿qué piensas?
● …

casi todos los días · la semana que viene · a veces
en dos años · a menudo · una vez al mes · mañana

SKILLS — Listening for time clues
To understand **when** something happens, listen for time markers, e.g. **el fin de semana que viene**, but also listen carefully for verb forms when time markers <u>aren't</u> used. Are speakers using the present or the near future tense?

5 Escucha y elige la imagen correcta. ¿Es presente o futuro? (1–4)

Ejemplo: **1** c – futuro

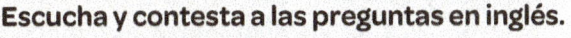

Now use the strategies you have learned to answer these 'What? Where? Who? When?' questions.

6 Escucha y contesta a las preguntas en inglés.

1 a What does she like doing?
  b Who does she do this for?

2 a Who is she going to go to the cinema with?
  b What are they going to see?
  c What are they going to eat?

3 a When does he go cycling?
  b Where does he go?

4 a When is she going to celebrate her birthday?
  b Where is she going to go?
  c What are they going to do there?

diecisiete 17

¡LECTURA! Club de cine

- Reading about films
- Understanding authentic texts

1 Lee la cartelera de cine y las frases. ¿Qué película van a ver?

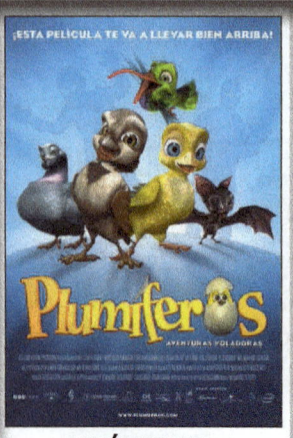

MIÉRCOLES
19 de junio 18.00 hs
Idioma: español
subtitulada en inglés
Género: animación

JUEVES
20 de junio 22.00 hs
Idioma: español
Género: aventura / animación

SÁBADO
22 de junio 14.00 hs
Idioma: español
Género: comedia

Reading authentic texts

Authentic texts often bring together language from a number of different topics. To understand them, it is helpful to start by looking at the task or questions. Respond to each question by searching for key words you know or can work out. Don't forget to use the visual clues, too.

1. Me chiflan las películas de aventuras.
2. Voy a ir el fin de semana.
3. Voy con un amigo de Inglaterra.
4. Voy a ir por la noche.
5. Me gustan las comedias, pero no me gustan los dibujos animados.

2 Lee la sinopsis. Mira la cartelera del ejercicio 1. ¿Qué película es?

Amadeo es un chico tímido y virtuoso que tiene un talento especial para jugar al fútbol de mesa. Vive una existencia tranquila en su pueblo. Siempre practica el futbolín en el bar de sus padres. Pero un día, 'el Crack', rival de Amadeo y futbolista famoso, decide volver al pueblo. ¡Ay, no! ¿Qué va a pasar? ...

Reading for gist

Reading quickly through a text can be the best way to get an overall idea of its content. You often don't need to understand every word to answer the question set.

3 Busca las palabras cognadas en la sinopsis. Escríbelas en español.

1. timid
2. virtuous
3. talent
4. existence
5. tranquil
6. rival
7. famous
8. decides

Many everyday Spanish words are cognates of more formal alternatives to the English words that we normally use. Find equivalent words from exercise 3 for 'life', 'good', 'shy' and 'peaceful'. Learning Spanish can increase your English vocabulary, too!

18 dieciocho

Somos así – 1

Lee las críticas de *Futbolín*. ¿Qué crítica es?

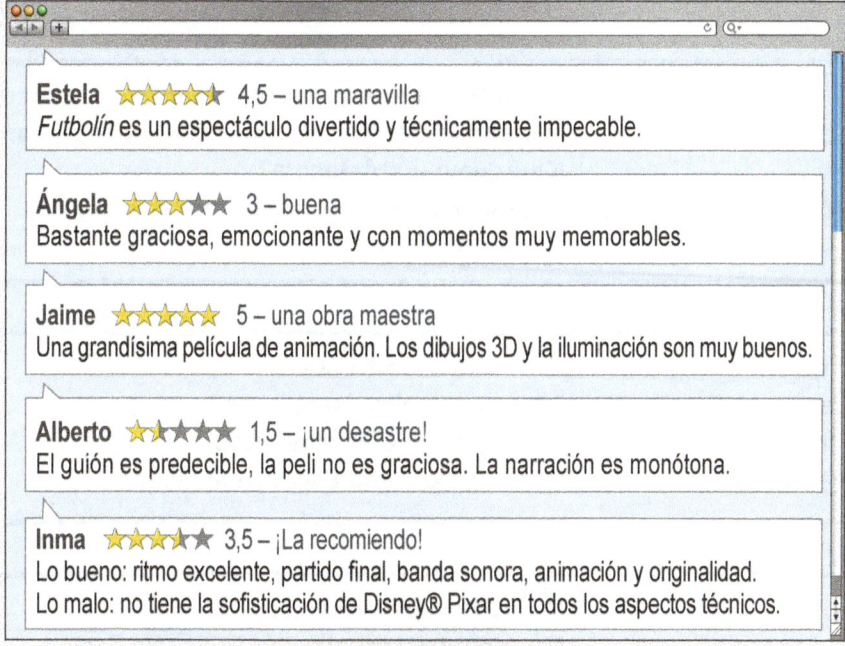

> **Estela** ★★★★☆ 4,5 – una maravilla
> *Futbolín* es un espectáculo divertido y técnicamente impecable.
>
> **Ángela** ★★★☆☆ 3 – buena
> Bastante graciosa, emocionante y con momentos muy memorables.
>
> **Jaime** ★★★★★ 5 – una obra maestra
> Una grandísima película de animación. Los dibujos 3D y la iluminación son muy buenos.
>
> **Alberto** ★☆☆☆☆ 1,5 – ¡un desastre!
> El guión es predecible, la peli no es graciosa. La narración es monótona.
>
> **Inma** ★★★★☆ 3,5 – ¡La recomiendo!
> Lo bueno: ritmo excelente, partido final, banda sonora, animación y originalidad.
> Lo malo: no tiene la sofisticación de Disney® Pixar en todos los aspectos técnicos.

SKILLS — Reading challenging texts

Before tackling a more challenging text, remember to:
- look for cognates and near-cognates
- say words out loud to decode them (e.g. try saying **desastre** from exercise 4 – what do you think this means?)
- use context and your common sense to help you work out meanings, too.

Which critic thinks that *Futbolín*...

1 has very good 3D animations?
2 is not technically sophisticated?
3 has boring narration?
4 is technically perfect?
5 is quite funny and exciting?

Lee el texto. ¿En qué orden aparecen los datos en el texto?
Read the text. In what order does the information appear in the text?

a how long the film lasts
b what type of film it is
c what the film is called
d what the film is about

SKILLS — Reading longer texts

Longer texts may have headings. Use these to help you work out what each section is about.

  Vídeos   Fotos   Descargas   Reportajes

El sueño de Iván

Título: *El sueño de Iván*   **Director:** Roberto Santiago

Género: Comedia   **Duración:** 1 hora y 41 minutos

Argumento: Iván es un niño de once años que va a jugar contra los campeones del mundo de fútbol. También va a vivir su primera gran historia de amor. Una selección de futbolistas famosos va a jugar contra niños en un partido benéfico para ayudar a las víctimas de un desastre: un terrible terremoto en África. Millones de personas van a ver el partido en la televisión...

Lee la sección 'Argumento'. Pon las frases en el orden del texto.

Ejemplo: b, ...

a Millions of people are going to watch the match on TV.
b Iván is 11 years old.
c Iván is going to play in a match against world champion footballers.
d The match is a charity match to help the victims of a terrible earthquake in Africa.
e He is also going to fall in love for the first time.

diecinueve **19**

I can...

- say what I like and don't like — Me chifla la música. No me gustan nada los insectos.
- ask someone what they like / dislike — ¿Qué cosas te chiflan? ¿Qué cosas no te gustan?
- react to what others say — ¡Qué guay! ¿Estás loco/a?
- use the present tense of **ser** — Soy miembro de un club. En mi familia somos músicos.

- say what I do on different days — Los lunes bailo Zumba®.
- ask someone about their week — ¿Cómo organizas tu semana?
- say when or how often I do things — casi todos los días, a menudo
- use the present tense of regular verbs — Cocino. Leo libros. Escribo canciones.

- say what type of film it is — Es una película de acción.
- say what type of films I like — Me encantan las películas de ciencia ficción.
- say how often I go to the cinema and who with — Voy al cine una vez al mes. Voy con mis amigos.
- use the indefinite or definite article — Es **una** comedia. Me chiflan **las** comedias.
- use the present tense of **ir** — Voy al cine con mi tía. Vamos los domingos.

- say when I am going to celebrate my birthday — Voy a celebrar mi cumpleaños la semana que viene.
- say who I am going to celebrate with — Voy a celebrar con mi familia.
- say where I am / we are going to go — Voy a / Vamos a ir al parque de atracciones.
- say what I am / we are going to do there — Voy a / Vamos a montar en una montaña rusa.
- say what it is going to be like — ¡Va a ser guay!
- use the near future tense — Voy a jugar al paintball. ¡Va a ser genial!
- use sequencers — primero, luego, más tarde

- use listening strategies:
  - listen for clues in background noises
  - use picture and text clues to make predictions before listening
  - listen for indirect information
  - listen for time markers and tenses

- use reading strategies to understand authentic texts:
  - use the task or questions to help me search for key words
  - read a text for gist to get an overall idea of its theme
  - use cognates and near-cognates
  - use context and common sense to work out meaning
  - use headings as a way into a longer text

Somos así – 1

Escucha y completa la tabla en inglés. (1–4)

1 Marta 3 Adrián
2 Rafael 4 Felipe

	name	likes	does this when / how often?
1	Marta	martial arts / judo	

Con tu compañero/a, haz un diálogo. Utiliza los dibujos A o B y añade otros detalles.

● ¿Cuándo es tu cumpleaños? ● ¿Cómo vas a celebrar? ● ¿Con quién? ● ¿Cómo va a ser?

Ejemplo:
● ¿Cuándo es tu cumpleaños?
■ Mi cumpleaños es el veinte de marzo.

Close your book and repeat the speaking activity to improve your spontaneity.

Lee el texto y elige la respuesta correcta.

Me chiflan los animales y tengo tres perros. Por eso voy al parque todos los días. También me encanta el zoo. En dos semanas va a ser mi cumpleaños. Mi familia y yo vamos a ir al zoo de Santillana, donde hay un nuevo bebé orangután. ¡Va a ser guay! También me chifla el cine, especialmente las películas de fantasía porque son emocionantes y misteriosas. Mi actor favorito es Robert Pattinson porque me encantan los vampiros. Todos los viernes voy al cine con mis amigos. Ellos prefieren las comedias románticas, ¡puf!
Antonia

1 Antonia goes to the park *every day* / *three days a week*.
2 She goes to the park to *keep fit* / *walk her dogs*.
3 Antonia *goes to the zoo every year for her birthday* / *is going to go to the zoo for her next birthday*.
4 She hopes to see *all the orangutans* / *the zoo's new baby animal*.
5 Friday is *TV* / *cinema* night.
6 Antonia prefers *fantasy films* / *romantic comedies*.

Escribe un párrafo sobre tus actividades.

Write about:
○ what you like and give details (Me encanta <u>el deporte</u>, especialmente <u>el rugby</u>. Soy <u>miembro de un club</u>.)
○ how often you do it (Juego <u>al rugby una vez a la semana</u>.)
○ what you are planning to do for your birthday (Voy a celebrar mi cumpleaños con <u>mi familia</u>. Vamos a <u>ir a un concierto</u>.)
○ what films you like (Me chiflan <u>las películas de acción</u>.)
○ what film you are going to see and when (<u>El fin de semana que viene</u> voy a ver…).

veintiuno 21

¡GRAMÁTICA!

The present tense

There are three groups of regular verbs in Spanish: **-ar**, **-er** and **-ir**. Remember to replace the infinitive ending with the endings shown in bold to form the present tense.

bail**ar**	to dance	com**er**	to eat	escrib**ir**	to write
bail**o**	I dance	com**o**	I eat	escrib**o**	I write
bail**as**	you dance	com**es**	you eat	escrib**es**	you write
bail**a**	he/she dances	com**e**	he/she eats	escrib**e**	he/she writes
bail**amos**	we dance	com**emos**	we eat	escrib**imos**	we write
bail**áis**	you (plural) dance	com**éis**	you (plural) eat	escrib**ís**	you (plural) write
bail**an**	they dance	com**en**	they eat	escrib**en**	they write

1 Copy and complete the sentences with the correct form of the verb.

1. Me encanta el baile. *Bailas* / *Bailo* / *Baila* dos veces a la semana.
2. Mi bici es mi pasión. Mi hermano y yo *montamos* / *monta* / *monto* en bici todos los días.
3. En mi opinión, Ed Sheeran *cantan* / *canto* / *canta* muy bien.
4. Mis padres *escribo* / *escribís* / *escriben* cartas para Amnistía Internacional.

Some verbs are irregular. Learn these by heart. In this Module you have learned how to use **ser** (to be) and **ir** (to go) in the present tense. Remember that the 'I' form of **hacer** (to do) is also irregular: **hago** (I do).

2 Copy and complete the verbs with the missing information in both Spanish and English. Look back at Units 1 and 3 if you need help.

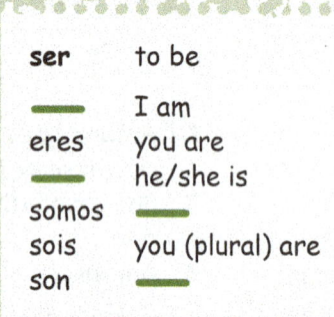
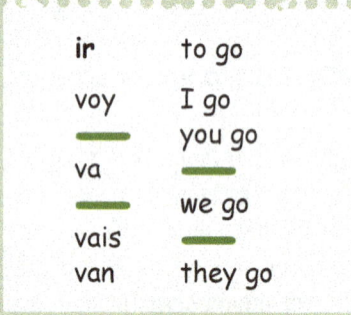

3 Copy and complete the sentences with the correct form of the verb **ser** or **ir**.

1. Marisol, ¿——— miembro de un equipo?
2. Mi hermano ——— al parque todos los días.
3. Mi familia y yo ——— fanáticos del baloncesto.
4. Julia y Felipe, ¿——— a menudo al cine?
5. Los domingos mis abuelos ——— al zoo.
6. Mi actriz favorita ——— Zoe Saldana.

4 Copy and complete the text with the correct present tense verb.

Me llamo Fabio. Los lunes **1** ——— a la piscina, donde **2** ——— natación. Los martes mis hermanos y yo **3** ——— salsa, **4** ——— miembros de un club. Los miércoles mi hermana **5** ——— el piano. También **6** ——— canciones a menudo. Los jueves mis hermanos **7** ——— para mi familia. Los viernes **8** ——— libros y **9** ——— helados. ¡Ñam, ñam!

| bailamos | leo | cocinan | toca | voy | somos | como | hago | escribe |

veintidós

Somos así – 1

The near future tense

You use the near future tense to say what you are going to do. To form the near future tense, use the present tense of **ir** (to go) plus **a**, followed by the infinitive.

Voy a ver un partido de fútbol.   I am going to see a football match.

Vamos a jugar al tenis.   We are going to play tennis.

5 Write six sentences using an element from each section. Translate your sentences into English.

Mañana	voy a	bailar	natación.
Esta tarde	vas a	ser	una tarta.
El fin de semana que viene	va a	ir	genial.
En dos años	vamos a	estudiar	Zumba®.
En julio	vais a	comer	ciencias.
En el futuro	van a	hacer	a un parque acuático.

6 Translate the sentences into Spanish.

1. We are going to see a horror film.
2. Are you (singular) going to come?
3. They are going to go to Italy.
4. In the future, I am going to study English.
5. It's going to be cool.
6. Are you (plural) going to take photos?

Using different tenses

Use the **present tense** to describe something that you **are doing** now or that you regularly **do**.

Use the **near future tense** to talk about what you **are going to do**.

Bailo salsa una vez a la semana.   I dance salsa once a week.

Mañana **voy a bailar** flamenco.   Tomorrow I am going to dance flamenco.

7 Present or near future? Choose the correct verb form for each gap.

Los fines de semana **1** *voy / voy a ir* al parque, donde **2** *voy a jugar / juego* al voleibol. **3** *Soy / Voy a ser* miembro de un club de voleibol. ¡Me encanta! El sábado que viene **4** *voy a jugar / juego* todo el día porque **5** *participo / voy a participar* en una competición de voleibol en mi insti. El año que viene **6** *veo / voy a ver* un torneo en Madrid.

8 Copy the text and put the infinitives in brackets into the 'yo' form of the correct tense.

1 (Ser) entrenador de judo. **2** (Hacer) judo todos los días y **3** (ser) cinturón negro. En el futuro **4** (abrir) una escuela de judo y **5** (dedicar) mi vida a las artes marciales. También **6** (estudiar) taekwondo.

veintitrés 23

¡PALABRAS!

Opiniones — Opinions

¿Qué cosas te gustan?	What things do you like?
¿Qué cosas te encantan / te chiflan?	What things do you love?
¿Qué cosas no te gustan (nada)?	What things do you not like (at all)?
Me gusta(n) (mucho)…	I like… (a lot).
Me encanta(n) / Me chifla(n)…	I love…
No me gusta(n) (nada)…	I don't like… (at all).
el deporte	sport
el dibujo	drawing
el fútbol	football
el racismo	racism
la música	music
la tele	TV
la violencia	violence
los animales	animals
los deberes	homework
los insectos	insects
los videojuegos	video games
las artes marciales	martial arts

En mi tiempo libre — In my free time

Soy miembro de un club (de judo).	I am a member of a (judo) club.
Soy miembro de un equipo.	I am a member of a team.
Soy miembro de un grupo.	I am a member of a group / band.

¿Cómo organizas tu semana? — How do you organise your week?

Bailo Zumba®.	I dance Zumba®.
Cocino para mi familia.	I cook for my family.
Escribo canciones.	I write songs.
Leo cómics / libros.	I read comics / books.
Monto en bici.	I ride a bike.
Saco fotos.	I take photos.
Toco el teclado.	I play the keyboard.
Veo un partido de fútbol.	I watch a football match.

¿Cuándo? — When?

los lunes / martes / miércoles / jueves	on Mondays / Tuesdays / Wednesdays / Thursdays
los fines de semana	at weekends
después del insti	after school

Expresiones de frecuencia — Expressions of frequency

una vez a la semana	once a week
dos veces a la semana	twice a week
a veces	sometimes
a menudo	often
siempre	always
(casi) todos los días	(almost) every day
todos los fines de semana	every weekend

Cartelera de cine — What's on at the cinema

¿Qué tipo de película es?	What type of film is it?
Es…	It is…
una comedia	a comedy
una película de acción	an action film
una película de animación	an animated film
una película de aventuras	an adventure film
una película de ciencia ficción	a science-fiction film
una película de fantasía	a fantasy film
una película de superhéroes	a superhero film
una película de terror	a horror film

¿Qué tipo de películas te gustan? — What type of films do you like?

Me encantan las comedias.	I love comedies.
Me chiflan las películas de ciencia ficción.	I love science-fiction films.
No me gustan las películas de terror.	I don't like horror films.
Mi película favorita es…	My favourite film is…
Mi actor favorito es…	My favourite actor is…
Mi actriz favorita es…	My favourite actress is…

veinticuatro

Somos así – 1

¿Vas a menudo al cine? — Do you often go to the cinema?

Voy una vez al mes.	I go once a month.	Voy los sábados por la mañana.	I go on Saturday mornings.
Voy dos veces al mes.	I go twice a month.		
Voy los domingos por la tarde.	I go on Sunday afternoons / evenings.		

¿Cuándo vas a celebrar tu cumpleaños? — When are you going to celebrate your birthday?

mañana	tomorrow	el mes que viene	next month
la semana que viene	next week	el nueve de febrero	on the ninth of February
el fin de semana que viene	next weekend		

¿Cómo vas a celebrar? — How are you going to celebrate?

Voy a hacer karting.	I am going to do go-karting.	Voy a sacar muchas fotos.	I am going to take lots of photos.
Voy a ir a la bolera.	I am going to go bowling.	Vamos a montar en una montaña rusa.	We are going to ride a roller coaster.
Voy a ir a un parque de atracciones.	I am going to go to a theme park.	Vamos a ver películas de terror.	We are going to watch horror films.
Voy a jugar al paintball.	I am going to play paintball.	¡Va a ser genial!	It's going to be great!
Voy a pasar la noche en casa con mis amigos/as.	I am going to have a sleepover at home with my friends.		

Palabras muy frecuentes — High-frequency words

casi	nearly, almost	o	or
primero	first	y	and
luego	then	pero	but
después	afterwards	también	also
más tarde	later	por supuesto	of course

Estrategia 1

Using the present tense

In this module you have revised two important irregular verbs – **ser** (to be) and **ir** (to go) – as well as the endings for regular verbs in the present tense.

How do you know if you *really* know a verb? Ask yourself:

- Do I know what it means when I see it?
- Can I pronounce it?
- Can I spell it correctly?
- Can I use it in a sentence?

1. Work with a partner. Test each other.

    Example: ● 'we dance'?
    ■ 'bailamos'

2. Now ask your partner to use the verb in a sentence.

    Example: ● ¿En una frase?
    ■ Los viernes bailamos Zumba.

Practise all the parts of these regular verbs until you know them well:

bailar	(to dance)
cocinar	(to cook)
montar en bici	(to ride a bike)
sacar fotos	(to take photos)
tocar	(to play – an instrument)
leer	(to read)
ver	(to see)
escribir	(to write)

Also try writing these two irregular verbs out in full:

ser (to be)	ir (to go)
soy	voy
eres	vas
...	...

veinticinco 25

ZONA ¡PROYECTO!

Así soy yo

- Writing a rap
- Using rhyme and rhythm in Spanish

1 HABLAR **Con tu compañero/a, empareja las palabras que riman.**

Ejemplo: animales – artes marciales

animales	pasión
animación	amor
violencia	fenomenal
genial	artes marciales
terror	fascinante
importante	existencia

Zona Cultura

Rap in Spain is mostly hip-hop based, while Latin American rappers draw on many musical influences to create new sounds and content, which is less urban than UK or US rap.

2 LEER **Empareja las frases que riman y tienen el mismo ritmo.**

Match up the sentences that rhyme and have the same rhythm.

Ejemplo: **1** d

1 Fanático del fútbol – así soy yo.
2 Me gustan mucho los conciertos.
3 El deporte es mi pasión.
4 Me chifla el baile. ¡Fenomenal!
5 A mí me chiflan las pelis de terror.

a A mí me encanta la acción.
b No me gustan nada las pelis de amor.
c Me gusta la música. ¡Es genial!
d Juego en un equipo – soy miembro.
e Siempre voy con mis amigos.

la peli *film* (shortened form of **película**)

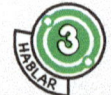

3 HABLAR **Lee las frases del ejercicio 2 en voz alta y con ritmo.**

4 ESCUCHAR **Escucha y comprueba tus respuestas.**

5 LEER **Lee el rap y completa las frases con las palabras del recuadro.**

flamenco	saxofón
semana	amigo
soy	gusta

Fanático de la música – así soy yo.
Fanático de la música – así **1** ____ yo.
Me chiflan la música pop, el rock y el tecno.
Me gustan también el rap y el **2** ____.

Fanático de la música – así soy yo.
Fanático de la música – así soy yo.
Soy miembro de un grupo. Toco el **3** ____.
Escribo canciones y ¡me **4** ____ un montón!

Fanático de la música – así soy yo.
Fanático de la música – así soy yo.
La **5** ____ que viene voy a ir a un concierto.
Es mi cumpleaños y voy con mi **6** ____.

Fanático de la música – así soy yo.
Fanático de la música – así soy yo.

un montón *a lot*

6 ESCUCHAR **Escucha y comprueba tus respuestas.**

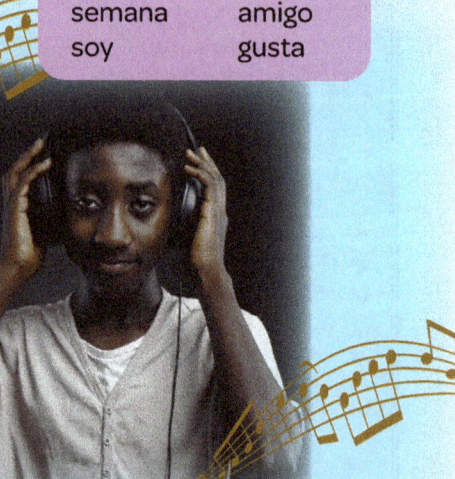

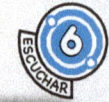

Somos así – 1

 Escribe las letras de las frases correctas para cada persona.

1 Fanático de la comida – así soy yo.   2 Fanática de la moda – así soy yo.

> Remember that adjectives ending in **-o** change their spelling: **fanático** is for a boy, and **fanática** for a girl.

a Me chifla la moda, soy fanática.
b Mañana voy a preparar una tarta de limón.
c Los fines de semana siempre voy de compras.
d Voy a comprar una chaqueta amarilla.
e Me encantan el pollo y las patatas fritas.
f No voy sola, voy con mis amigas.
g Normalmente cocino todos los días.
h Es el cumpleaños de mi amigo Ramón.

 Utiliza las frases del ejercicio 7 para escribir <u>dos</u> raps posibles, uno para cada persona.

Ejemplo:
> Fanático de la comida – así soy yo.
> Normalmente cocino todos los días.
> ...

 Con tu compañero/a, haz una lluvia de ideas sobre frases para un rap.
With your partner, brainstorm phrases for a rap.

Fanático/a del fútbol – así soy yo.   Fanático/a del cine – así soy yo.

mi actor favorito / muy divertido   las películas de fantasía / cada día

> Look at the **Palabras** section in this module to help you with ideas and vocabulary.

 Con tu compañero/a, escribe el rap 'Fanático/a del fútbol – así soy yo' o 'Fanático/a del cine – así soy yo'.

- Use the structure of the rap in exercise 5 to help you.
- Think about the rhymes for each pair of lines.
- Come up with a 'beat' and practise saying your lines in rhythm.
- Write at least three verses.
- Try to refer to the present and the future.

 Con tu compañero/a, haz un vídeo o una presentación de tu rap.

veintisiete 27

¡Oriéntate!

1 Enrique Iglesias trabaja como...

a conductor de autobuses
b cantante
c astronauta

2 Pablo Picasso trabajó como...

a fotógrafo
b policía
c artista

3 ¿Dónde trabaja...?

1 un mecánico
2 un profesor
3 un médico
4 un camarero

Trabaja en...

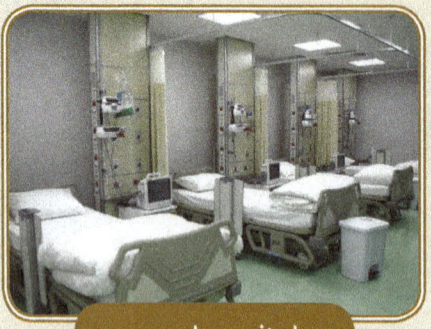
a un hospital

b un garaje

c un restaurante

d un instituto

28 veintiocho

¡Oriéntate! – 2

 **¿Quién trabaja como...?**

1. actriz
2. tenista
3. piloto de Fórmula 1
4. futbolista
5. director de cine

a Fernando Alonso

b Penélope Cruz

c Cesc Fàbregas

d Guillermo del Toro

e Rafael Nadal

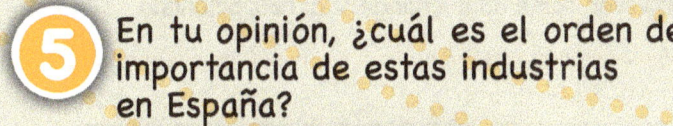 **En tu opinión, ¿cuál es el orden de importancia de estas industrias en España?**

a ropa y textil
b turismo
c automóviles
d alimentos y bebidas

> Did you know that the high street fashion stores *Zara* and *Mango* are both Spanish? *Zara* launches around 10,000 new designs each year and it takes just two to three weeks for their designs to become products on the shop floor! Of these products, 50% are made in and around Spain, 26% in the rest of Europe and the remaining 24% in other parts of the world.

 **¿Qué tipo de persona trabaja como payaso?**

Trabajar como payaso

Trabajar como payaso es una opción ideal para muchos jóvenes extrovertidos y también para adultos. No hay límite de edad, sólo es necesaria una personalidad divertida, creativa y paciente.

veintinueve 29

Hotel Desastre

○ Saying what you have to do at work
○ Using **tener que**

Escucha y escribe la letra correcta. (1–7)

Ejemplo: **1** c

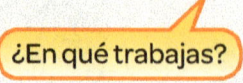
¿En qué trabajas?

 a
 b
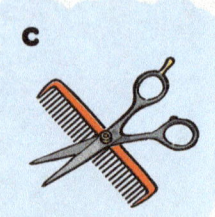 c
 d
 e

Soy cocinero / cocinera.
Soy camarero / camarera.
Soy peluquero / peluquera.
Soy jardinero / jardinera.
Soy limpiador / limpiadora.

 f
 g

Soy dependiente / dependienta.
Soy recepcionista.

> When saying what job you do, you don't use an indefinite article (**un** or **una**).
> **Soy camarero.** I am **a** waiter.
>
> Some job titles have different masculine and feminine endings:
>
> **cocinero → cocinera**
> **dependiente → dependienta**
>
> However, some don't change, e.g. **recepcionista**.

Escucha otra vez e indica la opinión. (1–7)

Ejemplo: 1

SKILLS

Giving your opinion

Remember that you can use these expressions to give an opinion about something you've already mentioned:

¡Me encanta!	♥♥♥
¡Me gusta mucho!	♥♥
¡Me gusta!	♥
¡No me gusta!	✗
¡No me gusta nada!	✗✗

Con tu compañero/a, pregunta y contesta.

● ¿En qué trabajas?
■ **Soy peluquera. ¡Me gusta mucho!**

Pronunciación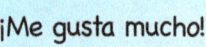

Remember, in Spanish **j** is pronounced as a raspy **h** sound, e.g. **j**ardinero, traba**j**o, **j**efe.

>> p132

a María – hairdresser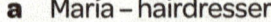
b Simón – waiter
c Sandra – receptionist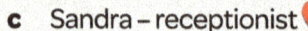
d Claudia – gardener
e Adrián – shop assistant

30 treinta

¡Oriéntate! – 2.1

4 Escucha y lee. ¿Quién habla? Escribe la letra correcta. Sobra una letra.

| los clientes | the customers |
| mi jefe | my boss |

Ejemplo: **1** d

¿Qué tienes que hacer en tu trabajo?
What do you have to do in your job?

1 Tengo que cortar el pelo a los clientes. Me gusta mi trabajo porque es creativo y fácil.

2 Tengo que hablar por teléfono y ayudar a los clientes. No me gusta porque es estresante y los clientes no son simpáticos.

3 Tengo que preparar comida en la cocina. No me gusta mi trabajo porque es repetitivo. También, mi jefe es severo.

4 Tengo que vender productos en la tienda. Me encanta mi trabajo porque es interesante y los clientes son muy simpáticos.

5 Tengo que limpiar habitaciones. No me gusta nada mi trabajo porque es monótono. También, los clientes son horrorosos.

5 Busca el equivalente de las frases en español en el ejercicio 4.

Ejemplo: **1** tengo que limpiar habitaciones

1. I have to clean rooms
2. I have to speak on the telephone
3. ... and help customers
4. I have to sell products
5. I have to prepare food
6. I have to cut customers' hair

Gramática

tener + que + infinitive = to have to

tener	to have
tengo	I have
tienes	you have
tiene	he/she has
tenemos	we have
tenéis	you (plural) have
tienen	they have

Tengo que limpiar habitaciones.
I have to clean rooms.

>> p44

6 Escribe un texto para el camarero del ejercicio 4.

- Soy…
- … servir comida a los clientes.
- (No) me gusta mi… porque es…
- Mi jefe es… Los clientes son…

Mi trabajo **es** monótono.
Mi jefe **es** simpático.
but
Los clientes **son** simpáticos.

7 Inventa entrevistas con Álex (dependiente) y Luz (peluquera). Haz las preguntas de abajo y utiliza tu imaginación.
Make up interviews with Álex (a shop assistant) and Luz (a hairdresser). Ask the questions below and use your imagination.

- ¿En qué trabajas?
- ¿Qué tienes que hacer?
- ¿Te gusta?
- ¿Por qué (no)?

treinta y uno 31

¿En qué te gustaría trabajar?

o Saying what job you would like to do
o Using correct adjective agreement

1 Manuel y Alejandra hacen una encuesta. Escucha y apunta las respuestas.

Ejemplo:

	Manuel	Alejandra
1	b	...

¿Qué te gustaría hacer?

Me gustaría...

1 a trabajar en una oficina.     b trabajar al aire libre.

2 a trabajar solo/a.    b trabajar en equipo.

3 a hacer un trabajo creativo.    b hacer un trabajo manual.

¿Qué no te gustaría nada hacer?

No me gustaría nada...

4 a trabajar con niños.    b trabajar con animales.

> You use **me gusta** to say what you like doing, but **me gustaría** to say what you would like to do. It is often followed by the infinitive:
> ¿Qué **te gustaría** hacer?   What would you like to do?
> **Me gustaría** trabajar en una oficina.   I would like to work in an office.

2 Con tu compañero/a, haz la encuesta del ejercicio 1.

● Pregunta número uno: ¿Qué te gustaría hacer? ¿Trabajar en una oficina o trabajar al aire libre?
■ Me gustaría...

3 Escucha y escribe los adjetivos correctos para Manuel y Alejandra.

Manuel: ☑ 1 práctico 2 ____ ☒ 3 ____
Alejandra: ☑ 4 ____   5 ____ ☒ 6 ____

¿Qué tipo de persona eres?

☐ sociable   ☐ organizado/a   ☐ hablador(a)
☐ paciente   ☐ ambicioso/a   ☐ trabajador(a)
☐ independiente ☐ práctico/a

Gramática

Remember, adjectives must agree in gender and in number with the nouns they describe.

singular		plural	
masculine	feminine	masculine	feminine
práctico	práctica	prácticos	prácticas
sociable	sociable	sociables	sociables
hablador	habladora	habladores	habladoras

>> p44

¡Oriéntate! – 2.2

Lee los textos y decide cuál es el trabajo perfecto para cada persona.
Read the texts and decide which is the perfect job for each person.

creo que	I think that
por eso	so / therefore

Ejemplo: 1 profesor

1 Creo que soy muy paciente y bastante inteligente. Me gustaría trabajar con niños. Por eso me gustaría ser…

 profesor  cantante

2 Creo que soy muy práctica y bastante independiente, pero no soy habladora. No me gustaría trabajar en una oficina. Por eso me gustaría ser…

 mecánica  periodista

3 En mi opinión, soy trabajadora y muy ambiciosa. Me gustaría hacer un trabajo creativo. Por eso me gustaría ser…

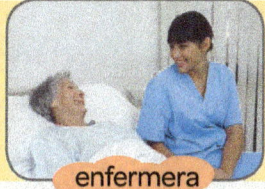 enfermera  diseñadora

4 Soy sociable y responsable, pero no soy práctico. No me gustaría nada trabajar con animales. Por eso me gustaría ser…

 policía  veterinario

Imagina que eres Susana y Carlos y escribe dos textos. Utiliza los textos del ejercicio 4 como modelo.

 Remember to make jobs and adjectives agree in gender.

Ejemplo: Susana – Creo que soy muy práctic**a** e…

Susana
✓ practical + independent
✗ ambitious
☺ outdoors
☹ in an office
→ gardener

Carlos
✓ patient + hard-working
✗ creative
☺ in a team
☹ with animals
→ nurse

Escucha. ¿Qué tipo de persona es? ¿Qué le gustaría hacer? Copia y completa la tabla en inglés. (1–8)

	character	preferred job
1	ambitious	singer

¿Y tú? ¿Qué tipo de persona eres? ¿Qué te gustaría hacer? Habla con tu compañero/a. Luego cierra el libro y repite el diálogo.

● ¿Qué tipo de persona eres?
■ Creo que soy… y…, pero no soy…

● ¿Qué te gustaría hacer?
■ Me gustaría…, pero no me gustaría nada… Por eso me gustaría ser…

treinta y tres 33

¿Qué tal ayer en el trabajo?

- Saying what you did at work yesterday
- Using the preterite of regular verbs

Escucha y lee.

Me llamo Antonio y soy programador.

Ayer por la mañana **llegué** tarde al trabajo – ia las diez!

Primero **hablé** por Skype™ con mi prima en Colombia... ¡durante dos horas!

Luego **jugué** a un videojuego. ¡Qué divertido!

Comí una hamburguesa y **bebí** una botella de cola.

Por la tarde **escribí** SMS a mis amigos y **escuché** música.

Un poco más tarde **dormí** un poco.

Finalmente **perdí** mi trabajo. Pero no entiendo por qué – ¡soy muy trabajador!

no entiendo por qué *I don't understand why*

Lee el texto otra vez. Busca el equivalente de los verbos en español.

Ejemplo: **1** comí

1. I ate
2. I talked
3. I slept
4. I drank
5. I listened to
6. I arrived
7. I played
8. I wrote
9. I lost

Gramática

You use the <u>preterite</u> to talk about completed events in the past.
Do you remember the endings for each group of regular verbs?

-ar verbs		-er verbs		-ir verbs	
hablar	to talk	comer	to eat	escribir	to write
hablé	I talked	**com**í	I ate	**escrib**í	I wrote
hablaste	you talked	**com**iste	you ate	**escrib**iste	you wrote
habló	he/she talked	**com**ió	he/she ate	**escrib**ió	he/she wrote
hablamos	we talked	**com**imos	we ate	**escrib**imos	we wrote
hablasteis	you (plural) talked	**com**isteis	you (plural) ate	**escrib**isteis	you (plural) wrote
hablaron	they talked	**com**ieron	they ate	**escrib**ieron	they wrote

Some verbs have a spelling change in the 'I' form: jugué, llegué, navegué.

>> p45

34 treinta y cuatro

¡Oriéntate! – 2.3

 Escucha a Clara y pon los dibujos en el orden correcto.

Ejemplo: b, …

 a    b  c

d   e  f

 **Con tu compañero/a, imagina que eres Silvia o Eduardo. Describe tu día de ayer. Utiliza las letras de los dibujos del ejercicio 3.**

Ejemplo:
● Por la mañana <u>llegué a las once y media</u>.
   Primero… Luego… Un poco más tarde…

Silvia: → → → →

Eduardo: → → → →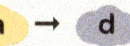

SKILLS — Structuring a story

Remember to use **sequencers** and **time phrases** to help you structure a story:

Primero…	First…
Luego…	Then…
Un poco más tarde…	A little later…
Finalmente…	Finally…
Por la mañana…	In the morning…
Por la tarde…	In the afternoon…

 **Íñigo es muy trabajador. Copia el texto y elige los verbos correctos.**

| a la hora de comer | at lunchtime |
| me dio un incremento de salario | he gave me a salary increase |

Me llamo Íñigo y soy recepcionista. Ayer por la mañana *llegué / escribí* a las siete y media. Primero *escuché / dormí* mis mensajes y luego *hablé / jugué* con los clientes. A la hora de comer *dormí / comí* un bocadillo y *bebí / escuché* limonada. Por la tarde *escribí / perdí* muchos correos. No *navegué / llegué* por Internet. *Trabajé / Dormí* mucho porque soy muy trabajador. ¡Finalmente mi jefe me dio un incremento de salario!

 Escucha y comprueba tus respuestas.

 **Imagina que tienes un trabajo. Describe tu día de ayer.**

- Use your imagination. Did you work hard (like Íñigo) or find other things to do (like Antonio and Clara)?
- Write what time you arrived in the morning (**Ayer por la mañana llegué a las…**).
- Write what you did first, next, etc. (**Primero… Luego…**).
- Write what you did in the afternoon (**Por la tarde… Finalmente…**).

treinta y cinco 35

¿Cómo es un día típico?

○ Describing your job
○ Using the present and the preterite together

1 Escucha y lee la entrevista. Pon los dibujos en el orden correcto.

¿En qué trabajas?
Soy guía turístico.

¿Cómo es un día típico?
Primero voy a la oficina y preparo el programa de actividades para los turistas. Escribo correos, organizo excursiones y hago reservas para las visitas. Luego salgo con los grupos por la tarde.

¿Qué idiomas hablas?
Hablo español, inglés y alemán. Los idiomas son muy importantes en mi trabajo porque viajo mucho.

¿Te gusta tu trabajo?
Sí, me encanta mi trabajo porque es muy variado. El año pasado organicé una visita para el equipo de fútbol de Inglaterra y preparé un programa especial. Conocí a todos los futbolistas y viajé en un helicóptero privado. También fui a una fiesta, donde hablé con el entrenador. ¡Fue fantástico!

los idiomas	languages
conocí a	I met
el entrenador	the trainer / coach

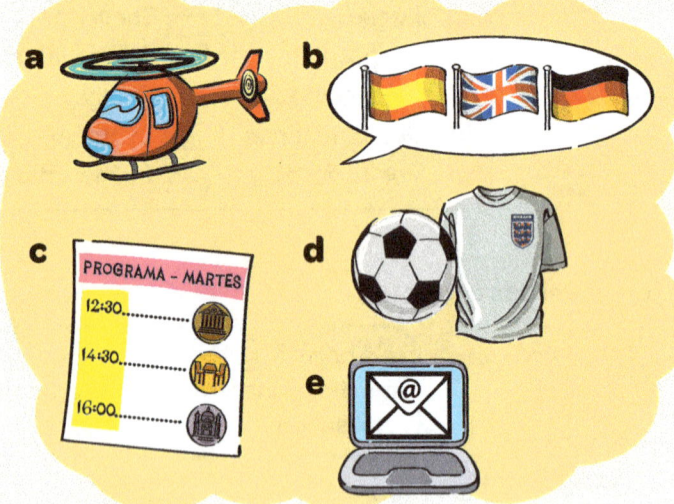

Gramática

Use the **present tense** to talk about what usually happens and the **preterite** to talk about completed actions in the past.

present	preterite
viajo (I travel)	viajé (I travelled)
salgo (I go out)	salí (I went out)

>> p45

2 Copia y completa la tabla con los verbos del ejercicio 1.

infinitive	present	preterite
escribir (to write)		escribí
hablar (to speak)	hablo	
hacer (to do / make)		hice
ir (to go)	voy	
salir (to go out)		salí
viajar (to travel)		

Zona Cultura

Spanish is the second most widely spoken native language in the world after Mandarin! If you want to work in industry, fashion or tourism, for example, it is an extremely useful language to learn.

36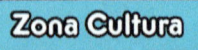

¡Oriéntate! – 2.4

Gramática

The verb **ir** (to go) is irregular in the present (**voy, vas, va**...) and in the preterite:

fui	I went	fuimos	we went
fuiste	you went	fuisteis	you (plural) went
fue	he/she went	fueron	they went

Remember that **fue** can also mean 'he/she/it was'.
Some other verbs are also irregular in the preterite, e.g. **hacer**:
  hago (I do / make) → **hice** (I did / made)

>> p45

3 Escucha y completa la canción con las palabras del recuadro. Luego ¡canta!

Soy diseñadora, diseñadora,
Soy creativa y ambiciosa.
Voy a la oficina por la mañana,
Donde 1 ____ todo el día.

Diseño chaquetas y camisetas,
Viajo a Londres, París y Milán.
2 ____ inglés, francés, italiano,
Voy a fiestas, 3 ____ champán.

Conocí a Lady Gaga, a Lady Gaga,
El año pasado en Nueva York.
Ahora soy rica y famosa
Porque 4 ____ su nuevo look.

Soy periodista, periodista,
Soy sociable y organizado.
Voy a la oficina por la mañana,
Donde trabajo con mi equipo.

5 ____ entrevistas con futbolistas,
Cantantes y actores famosos.
Voy a conciertos, 6 ____ fotos,
7 ____ artículos escandalosos.

Conocí a Angelina, a Angelina,
En los Oscar el año pasado.
Ahora no soy rico ni famoso
¡Porque 8 ____ en su vestido!

hago	bebo
saco	vomité
escribo	hablo
diseñé	trabajo

4 Con tu compañero/a, haz esta entrevista.

- ¿En qué trabajas?
  - Soy ____.
- ¿Cómo es un día típico?
  - Primero *(ir)* al restaurante y luego *(preparar)* comida.
- ¿Qué idiomas hablas?
  - *(Hablar)* ____.
- ¿Te gusta tu trabajo?
  - Sí, 👍👍👍 mi trabajo porque es...
    Ayer *(conocer)* a Hugh Jackman. ¡Fue...!

5 Escribe una entrevista con Mónica. Copia las preguntas del ejercicio 4.

Mónica – azafata
- Soy...
- Primero... y luego...
- Hablo...
- Me gusta mi trabajo...
- Ayer... y...
- También...
- ¡Fue...!

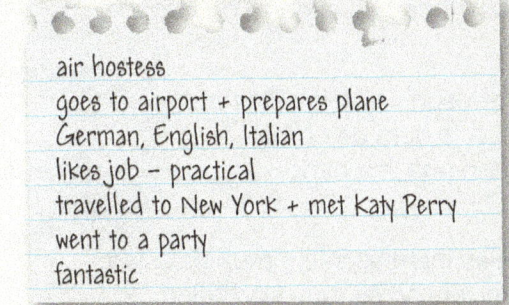

air hostess
goes to airport + prepares plane
German, English, Italian
likes job – practical
travelled to New York + met Katy Perry
went to a party
fantastic

al aeropuerto	to the airport
el avión	the plane

treinta y siete 37

¡5! Mi diccionario y yo

- Checking for accuracy and looking up new words
- Using reference materials

1 Identifica los errores. Escribe la versión correcta de cada palabra.

1. pelukero
2. professor
3. mecanico
4. idiommas
5. disenadora
6. cocinéro

Checking your spelling

Always check your spelling, including accents. You can look in:
- the vocabulary pages near the end of each module
- the *Minidiccionario* at the back of the book
- a dictionary.

Remember this tip: the four consonants in the word **CaRoLiNa** are the only ones that can be written as double letters in Spanish (e.g. **acción** but **programador**, not **programmador**). Be careful, though – this doesn't mean they are *always* written as double letters!

2 Copia y completa las frases con 'un' o 'una'.

Ejemplo: **1** Como <u>un</u> bocadillo a la hora de comer.

1. Como ___ bocadillo a la hora de comer.
2. Soy presentador de ___ programa de televisión.
3. Soy camarero en ___ restaurante mexicano.
4. Trabajo en ___ universidad muy grande.
5. Organicé ___ visita para ___ grupo de turistas.

Checking the gender of nouns

You also need to check the gender of each noun. Use one of the three sources listed above. It is always best to check, but remember:
- nouns ending in **-o** are usually masculine (e.g. **un institut<u>o</u>**)
- nouns ending in **-a** are usually feminine (e.g. **una tiend<u>a</u>**).

This saying is useful for words which don't follow that rule:

In Spanish, dad is usually feminine and ma is usually masculine!

(e.g. **una responsabili<u>dad</u>, un idio<u>ma</u>**).

3 Con tu compañero/a, busca y corrige los <u>siete</u> errores en la entrevista.

Ejemplo: un ciudad → <u>una</u> ciudad

Trabajos creativos

Entrevista con Marcos Sánchez

mis cosas — my things

¿En qué trabajas?
Soy arquitecto. Trabajo en un ciudad en el norte de Espana.

¿Cómo es un día típico?
Primero preparo mis cosas y luego voy a la officina, donde hablo con mi equipo. A la hora de comer como un hamburguesa y bebo una limonada.

¿Te gusta tu trabajo?
Sí, me gusta mucho porque es interesante y muy practico.
Pero tengo una problema: mi jefe no es muy simpático.

38 treinta y ocho

¡Oriéntate! – 2.5

> **Starting with what you know**
>
> Always start a piece of writing by using language that you know. Only use a dictionary to look up words you don't know – but make sure you choose the right word! In exercise 4, how many words would you need to look up?

4 Traduce las frases al español.

1. I am hard-working and polite.
2. I would like to be an engineer.
3. I organise weddings.
4. I speak three languages: Spanish, Chinese and Arabic.
5. I am a shop assistant and I work in a pharmacy.

> **Using translation tools and dictionaries**
>
> Be wary of online translation tools! Like dictionaries, they can often lead to 'howlers'.
>
> Think about the word 'bank'. Would the translation be the same in these three sentences?
>
> - I work in a **bank**.
> - You can **bank** on it.
> - He rolled down the grassy **bank**.

5 Busca la traducción apropiada en español para la palabra subrayada.
Look up the appropriate translation into Spanish for the underlined word.

1. I work in a <u>bar</u>.
2. Do you have a <u>bar</u> of soap? 
3. The music has four <u>bars</u>. 
4. He spent three years behind <u>bars</u>. 

6 Traduce el texto al español. ¡Cuidado con las palabras subrayadas – tienen diferentes traducciones posibles!
Translate the text into Spanish. Take care with the underlined words – they have different possible translations!

> I am a lawyer and I work in Valencia. I think I am intelligent and hard-working. I am quite <u>serious</u> but I am very dynamic, <u>too</u>. Every day, first I prepare my things and then I go to the <u>court</u>. Sometimes I write <u>letters</u>. At lunchtime I eat a <u>roll</u>. I like my job but it is <u>hard</u> because the clients are demanding.

> **Make sure you:**
> - choose the correct word if using a dictionary
> - use correct:
>   – spelling
>   – accents
>   – gender of nouns.

treinta y nueve 39

¡ZONA LECTURA! ¡A trabajar!

- Coping with authentic texts
- Skimming and scanning a text

1. Lee el texto en 60 segundos. ¿A qué se refiere?

¿Qué colores son ideales para una entrevista de trabajo?

Decidir qué ropa llevar para una entrevista es esencial para causar una buena primera impresión. Un estudio reciente concluye que:

- el color perfecto es el azul
- el naranja es el peor color
- el negro denota un buen líder
- el blanco indica una persona organizada
- el verde, el violeta y el amarillo están asociados con personas creativas.

SKILLS — Skimming a text
It's often a good idea to start by **skimming** a text (reading quickly to get the gist), without trying to understand the detail.

2. Lee el texto otra vez. Copia y completa las frases en inglés.

1. Deciding what ——— is essential for giving a good first impression.
2. A recent study concluded that blue ———.
3. ——— is the worst colour.
4. Black suggests a good ———. White indicates ———.
5. Colours such as green, purple ———.

SKILLS — Scanning a text
You do not always need to understand every word. Try to **scan** the text to find the specific information you need, e.g. a place or a job.

3. Lee las frases y escribe la(s) letra(s) correcta(s) para cada una.

¿Sabes en qué trabajaron antes de convertirse en famosos?

1. Beyoncé trabajó en la peluquería de su madre.
2. Johnny Depp fue empleado en una gasolinera y también vendió bolígrafos.
3. Julia Roberts sirvió helados.
4. Jennifer Aniston trabajó de recepcionista y también trabajó en una hamburguesería.

a (gasolinera) b (hamburguesería) c (peluquería) d (bolígrafos) e (helados) f (recepción)

40 cuarenta

¡Oriéntate! – 2

4 Lee el texto y contesta a las preguntas en inglés.

ENTRENADOR PERSONAL

Un entrenador personal trabaja en un gimnasio o visita a los clientes en casa. Primero prepara un programa individual para el cliente.

Una sesión típica dura 60 minutos. Incluye ejercicios diseñados para trabajar diferentes aspectos: flexibilidad, equilibrio, fuerza, sistema cardiovascular.

Características necesarias
Un entrenador personal tiene que:
- ser un excelente comunicador
- motivar a sus clientes
- resolver problemas
- crear ideas nuevas

Educaweb.com

> **SKILLS**
> **Reading for detail**
> Sometimes you do have to understand the detail of a text. Use **cognates**, **context** and **common sense** to help you. Then look up any other words in a dictionary.

1 According to the text, in which two places does a personal trainer work?
2 What does he/she prepare first of all?
3 How long does a typical session last?
4 Name two aspects of fitness that a typical session develops.
5 Name three qualities that a personal trainer needs.

5 Escucha y lee el poema. Pon las fotos en el orden correcto.

Yo quiero ser...

Yo quiero ser bombero
de esta gran ciudad
y apagar incendios
con mucha amabilidad.

Yo quiero ser carpintero
de mi pequeña comunidad
y construir muchos muebles
para su comodidad.

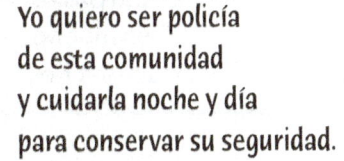

Yo quiero ser policía
de esta comunidad
y cuidarla noche y día
para conservar su seguridad.

Yo quiero ser enfermera
de mi comunidad
y a todos inyectar
para evitar una enfermedad.

Manu Sánchez Montero

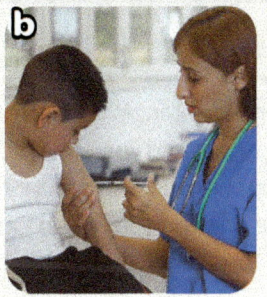

a
b
c
d

6 Busca estas frases del poema en español. Utiliza el contexto.

1 and put out fires
2 and build lots of furniture
3 and look after it night and day
4 to look after its security
5 in order to avoid an illness

7 Con tu compañero/a, contesta a las preguntas en inglés.

1 Do you like this poem? Why / Why not?
2 What is your favourite verse of the poem? Why?

cuarenta y uno 41

¡RESUMEN!

I can...

1
- say what job I do — Soy cocinero/a. Soy recepcionista.
- say what I have to do at work — Tengo que preparar comida.
- give an opinion about my job — No me gusta nada mi trabajo.
- give reasons — porque es estresante y mi jefe no es simpático
- use **tener que** + infinitive — Tiene que hablar por teléfono.

2
- give details about my ideal job — Me gustaría trabajar en equipo.
- say what I am like — Soy paciente y muy organizado/a.
- say what job I would like to do — Me gustaría ser policía.
- use correct adjective agreement — Soy creativo. Soy ambiciosa.

3
- say what I did at work yesterday — Ayer llegué tarde al trabajo.
- use the preterite of regular verbs — Escribí SMS y escuché música.
- use sequencers to structure a story — Primero hablé por Skype™ y luego dormí un poco.

4
- describe a typical day at work — Voy a la oficina y preparo el programa.
- say what languages I speak — Hablo inglés y alemán.
- describe something that I did at work — El año pasado conocí a Taylor Swift.
- use the present tense and the preterite — Viajo mucho. La semana pasada viajé a Ibiza.
- use the preterite of the irregular verb **ir** — Fui a una fiesta en un hotel.

5
- use reference materials to check accuracy: spelling, accents and gender
- understand the pitfalls of online translation tools
- choose the correct word when looking up words with more than one meaning

ZL
- skim a text for gist before trying to understand the detail
- scan a text to find a specific piece of information
- use a range of reading strategies to understand authentic texts

¡Oriéntate! – 2

¡PREPÁRATE!

1 Escucha. ¿Qué trabajo es? Escribe la letra correcta. (1–6)

Ejemplo: **1** b

a   b   c

d   e   f

2 Con tu compañero/a, contesta a las preguntas.

- ¿Qué tipo de persona eres?
  - Creo que soy creativo/a y... pero no soy...
- ¿Qué idiomas hablas?
  - Hablo...
- ¿Qué te gustaría hacer?
  - Me gustaría trabajar solo/a, pero no me gustaría nada... Por eso me gustaría ser...

3 Lee el texto. ¿Verdadero o falso? Escribe V o F.

Trabajo en un restaurante italiano. Soy camarera y me encanta mi trabajo porque es interesante y bastante fácil. ¡En mi opinión, es superguay!

Creo que soy muy sociable y práctica. Me gusta mucho trabajar en equipo con los otros camareros. No me gustaría nada trabajar en una oficina.

Tengo que servir a los clientes. Son muy simpáticos. A veces hablo en inglés o francés con los clientes. ¡Me encanta hablar idiomas diferentes!

La semana pasada conocí a un cliente muy especial: un diseñador muy famoso. ¡Fue fantástico!

Ivana

1. Ivana thinks that her job is quite easy.
2. She is a very sociable person.
3. She hates working as part of a team.
4. She would love to work in an office.
5. She says that the customers are very nice.
6. Sometimes she speaks to customers in English or German.
7. She loves speaking other languages.
8. Last week she met a famous singer.

4 Trabajas en un hotel. Escribe un párrafo sobre tu trabajo. Utiliza el texto de Ivana como modelo.

Write about:
- what job you do and why you like / dislike it
- what sort of person you are
- whether you like working alone / in a team
- what you would / would not like to do
- what you have to do at work
- what languages you speak
- something interesting that happened at work recently.

cuarenta y tres   43

¡GRAMÁTICA!

Tener que + infinitive

To say what you have to do, you use **tener** + **que** + infinitive.

Tengo que limpiar habitaciones.   I have to clean rooms.
Tenemos que preparar comida.   We have to prepare food.

Tener is an irregular verb. See the orange box below for how it works in the present tense.

1 Write six sentences containing one element from each box. Translate your sentences into English.

Example: **1** Tengo que hablar por teléfono.   I have to talk on the phone.

Tengo		vender	el pelo.
Tienes		cortar	en el restaurante.
Tiene	que	ayudar	a los clientes.
Tenemos		servir	productos en la tienda.
Tenéis		hablar	habitaciones.
Tienen		limpiar	por teléfono.

Adjective agreement

Adjectives describe nouns. Adjective endings change according to whether the noun is <u>masculine</u> or <u>feminine</u> and <u>singular</u> or <u>plural</u>. There are different patterns of agreement, as follows:

	singular		plural	
	masculine	**feminine**	**masculine**	**feminine**
ending in **-o**	creativ**o**	creativ**a**	creativ**os**	creativ**as**
ending in **-e**	sociabl**e**	sociabl**e**	sociabl**es**	sociabl**es**
ending in a consonant	fáci**l**	fáci**l**	fáci**les**	fáci**les**
ending in **-dor**	trabaja**dor**	trabaja**dora**	trabaja**dores**	trabaja**doras**

2 Copy the sentences, choosing the correct form of the adjective.

1. Mi jefe es *sociables* / *sociable*.
2. En mi opinión, Teresa es *hablador* / *habladora*.
3. Creo que mi trabajo es muy *difícil* / *difíciles*.
4. José, el jardinero, no es *simpáticos* / *simpático* / *simpáticas*.
5. Los niños de los clientes son *horroroso* / *horrorosa* / *horrorosos*.

3 Copy the table and fill in the gaps.

singular		plural		
masculine	**feminine**	**masculine**	**feminine**	**meaning**
organizado			organizadas	
paciente	paciente			patient
		difíciles	difíciles	
	habladora	habladores		talkative

44   cuarenta y cuatro

The preterite

You use the preterite (simple past tense) to talk about completed events in the past.
Regular verbs work like this in the preterite:

habl**ar**	to talk	com**er**	to eat	escrib**ir**	to write
habl**é**	I talked	com**í**	I ate	escrib**í**	I wrote
habl**aste**	you talked	com**iste**	you ate	escrib**iste**	you wrote
habl**ó**	he/she talked	com**ió**	he/she ate	escrib**ió**	he/she wrote
habl**amos**	we talked	com**imos**	we ate	escrib**imos**	we wrote
habl**asteis**	you (plural) talked	com**isteis**	you (plural) ate	escrib**isteis**	you (plural) wrote
habl**aron**	they talked	com**ieron**	they ate	escrib**ieron**	they wrote

Some verbs have a spelling change in the 'I' form.
jugar → jugué (I played)   **llegar → llegué** (I arrived)   **sacar → saqué** (I took (photos))

Irregular verbs do not follow the usual pattern.
ir → fui (I went)   **hacer → hice** (I did / made)

4 Put the verbs in brackets into the 'I' form of the preterite.

Example: **1** llegué

Soy mecánico y me encanta mi trabajo. Ayer **1** *(llegar)* al garaje a las diez. Primero **2** *(escribir)* SMS a mis amigos y luego **3** *(hablar)* con mi hermana en Australia. Un poco más tarde **4** *(jugar)* a mi videojuego favorito. Por la tarde **5** *(comer)* una pizza enorme y **6** *(beber)* dos botellas de limonada. **7** *(Navegar)* por Internet y luego **8** *(dormir)* un poco. Mi trabajo es muy difícil, ¿no? ¡Ja, ja!

Using the present and the preterite together

Use the **present tense** to talk about what you usually **do**.
   Primero **preparo** mis cosas y luego **voy** a la oficina.
   First **I prepare** my things and then **I go** to the office.

Use the **preterite** to talk about what you **did** in the past.
   Ayer **preparé** mis cosas y luego **fui** a la oficina.
   Yesterday **I prepared** my things and then **I went** to the office.

Make sure you choose the correct verb form according to the tense. For example:

present	viajo	hablo	llego	como	escribo	salgo	voy	hago
	↓	↓	↓	↓	↓	↓	↓	↓
preterite	viajé	hablé	llegué	comí	escribí	salí	fui	hice

5 Use the pictures to make up sentences about what you usually do each day and what you did yesterday.

Example: **1** Normalmente habl**o** por teléfono, pero ayer habl**é** por Skype™.

normalmente   ayer   normalmente   ayer

1 hablar   4 ir
2 comer   5 escribir
3 salir

cuarenta y cinco **45**

¡PALABRAS!

¿En qué trabajas? What's your job?

Soy...	I am...	jardinero/a	a gardener
camarero/a	a waiter	limpiador(a)	a cleaner
cocinero/a	a cook	peluquero/a	a hairdresser
dependiente/a	a shop assistant	recepcionista	a receptionist

¿Qué tienes que hacer? What do you have to do?

Tengo que...	I have to...	limpiar habitaciones	clean rooms
ayudar a los clientes	help customers	preparar comida	prepare food
cortar el pelo a los clientes	cut customers' hair	servir en el restaurante	serve in the restaurant
hablar por teléfono	speak on the phone	vender productos en la tienda	sell products in the shop

Opiniones Opinions

¿Te gusta tu trabajo?	Do you like your job?	monótono	monotonous
(No) Me gusta (nada) mi trabajo porque es...	I (don't) like my job (at all) because it is...	repetitivo	repetitive
		Mi jefe/a es severo/a.	My boss is strict.
creativo	creative	Los clientes (no) son simpáticos.	The customers are (not) nice.
estresante	stressful		
fácil	easy	Los clientes son horrorosos.	The customers are awful.
interesante	interesting		

¿Qué te gustaría hacer? What would you like to do?

Me gustaría...	I would like...	Por eso me gustaría ser...	Therefore I would like to be...
No me gustaría (nada)...	I wouldn't like... (at all)	cantante	a singer
trabajar al aire libre	to work in the open air	diseñador(a)	a designer
trabajar con animales	to work with animals	enfermero/a	a nurse
trabajar con niños	to work with children	mecánico/a	a mechanic
trabajar en equipo	to work in a team	periodista	a journalist
trabajar en una oficina	to work in an office	policía	a police officer
trabajar solo/a	to work alone	profesor(a)	a teacher
hacer un trabajo creativo	to do a creative job	veterinario/a	a vet
hacer un trabajo manual	to do a manual job		

¿Qué tipo de persona eres? What type of person are you?

En mi opinión, soy...	In my opinion, I am...	organizado/a	organised
Creo que soy...	I believe I am...	paciente	patient
muy / bastante...	very / quite...	práctico/a	practical
ambicioso/a	ambitious	responsable	responsible
hablador(a)	talkative	sociable	sociable
independiente	independent	trabajador(a)	hard-working
inteligente	intelligent		

¡Oriéntate! – 2

¿Qué tal ayer en el trabajo?   How did you get on at work yesterday?

Por la mañana...	In the morning...	escribí SMS a mis amigos	I wrote text messages to my friends
Por la tarde...	In the afternoon...	hablé por Skype™	I talked on Skype™
A la hora de comer...	At lunchtime...	jugué a un videojuego	I played a video game
bebí una botella de cola	I drank a bottle of cola	llegué tarde al trabajo	I arrived late for work
comí una hamburguesa	I ate a hamburger	perdí mi trabajo	I lost my job
dormí un poco	I slept for a bit		
escuché música	I listened to music		

¿Cómo es un día típico?   What is a typical day like?

Escribo correos (electrónicos).	I write emails.	Los idiomas son importantes.	Languages are important.
Hago reservas.	I make reservations.	¿Te gusta tu trabajo?	Do you like your job?
Hago entrevistas.	I do interviews.	Me encanta mi trabajo porque...	I love my job because...
Organizo excursiones.	I organise excursions.	es muy práctico	it's very practical
Preparo el programa.	I prepare the programme.	es muy variado	it's very varied
Salgo con los grupos.	I go out with the groups.	Ayer...	Yesterday...
Trabajo con mi equipo.	I work with my team.	conocí a...	I met...
Viajo mucho.	I travel a lot.	fui a...	I went to...
Voy a la oficina.	I go to the office.	hablé con...	I spoke to...
¿Qué idiomas hablas?	What languages do you speak?	organicé una visita para...	I organised a visit for...
Hablo español, inglés y alemán.	I speak Spanish, English and German.	preparé un programa especial	I prepared a special programme
		viajé en helicóptero	I travelled by helicopter

Palabras muy frecuentes   High-frequency words

creo que...	I think / believe that...	un poco	a bit
mi/mis	my	¿qué?	what?
tu/tus	your	¿por qué?	why?
bastante	quite	porque	because
muy	very	por eso	so / therefore

Estrategia 2
Looking for clues to work out meaning

If you don't understand a word, can you work out the meaning by looking for clues? For example, if someone is describing their job they might mention <u>where</u> they work, <u>who</u> they work with, <u>what</u> they do, etc., so you can have a good guess at what their job is even if you don't recognise the word.

Can you guess what someone's job might be if they use these words?

restaurante	clínica	instituto	avión
clientes	animales	niños	pasajeros
servir comida	operar	dar clases	ayudar
↓	↓	↓	↓
?	?	?	?

cuarenta y siete

¡PROYECTO! Un monólogo divertido

○ Creating a funny character
○ Performing a comic monologue

1 Escucha y lee los monólogos. Busca las frases en español en los textos.

Hospital Transilvania

Me llamo Doctor Drácula y soy médico. Pero tengo un problema: ¡también soy un vampiro! No me gusta mi trabajo porque es monótono y los pacientes son horrorosos.

Tengo que hacer transfusiones de sangre en el hospital, pero prefiero *beber* sangre.

Soy trabajador, pero no soy responsable. Por eso me gustaría hacer un trabajo diferente. Me gustaría trabajar al aire libre. Creo que me gustaría ser policía.

Me llamo Zoe y soy enfermera. Pero tengo un problema: ¡también soy una zombi! No me gusta nada mi trabajo porque es estresante y mi jefe es severo.

Tengo que ayudar a los pacientes en el hospital, pero prefiero *comer* a los pacientes. ¡Ñam, ñam!

Soy práctica, pero no soy habladora. Por eso me gustaría hacer un trabajo creativo. Me gustaría trabajar en una oficina. Creo que me gustaría ser diseñadora.

1. I have a problem.
2. I have to carry out blood transfusions.
3. I prefer to drink blood.
4. So I would like to do a different job.
5. I prefer to eat the patients.
6. I think I would like to be a designer.

2 Lee los monólogos otra vez. Corrige los errores en las fichas.

Ejemplo: Doctor Drácula: likes job → doesn't like job

Doctor Drácula
Job:	doctor
Problem:	is a vampire
Opinion of job:	likes job
Reason:	interesting, horrible patients
Responsibilities:	giving blood to patients
Personality:	✓ organised, ✗ responsible
Preferred job:	journalist

Zoe
Job:	nurse
Problem:	is a werewolf
Opinion of job:	dislikes job
Reason:	stressful, boss is nice
Responsibilities:	helping patients
Personality:	✓ ambitious, ✓ talkative
Preferred job:	singer

3 Escucha. Félix habla de su trabajo. Copia y completa la ficha en inglés.

un cirujano — surgeon
un fantasma — ghost

Félix
- Job:
- Problem:
- Opinion of job:
- Reason:
- Responsibilities:
- Personality:
- Preferred job:

cuarenta y ocho

¡Oriéntate! – 2

4 Con tu compañero/a planifica un monólogo divertido.
With your partner, plan a funny monologue.

- First, decide what your character's job will be.
- Then, decide where your monologue will take place. For example:

> Try to think how to make your character funny. What about a rude hotel receptionist, a clumsy waiter, a vet who doesn't like animals or a designer who isn't creative?

en una oficina

en un hotel

en un centro comercial

en un aeropuerto

5 Inventa tu personaje. Completa una ficha para tu personaje en español.

Ejemplo:

> You don't have to write in full sentences here, but making notes in Spanish will help you when you start writing your monologue in exercise 6.

Ficha del personaje

Trabajo: camarero
Problema:
Opinión:
Responsabilidades:
Personalidad:
Trabajo ideal:

6 Escribe tu monólogo.

- Use your file card from exercise 5 as a starting point.
- Look back at the monologues in exercise 1 for more ideas: use your imagination and change the details.
- Use connectives to make your monologue more interesting.

> Me llamo… y soy… Tengo un problema…
> (No) me gusta mi trabajo porque…
> Tengo que…
> Soy… pero no soy…
> Creo que me gustaría…

7 Aprende tu monólogo. Luego haz un vídeo de tu monólogo.

> Think about how to make your monologue funny with physical movement and facial expressions. You can use your voice and mime to show what your character is like.

cuarenta y nueve

¡MODULE 3!

En forma

1 Argentina es famosa por...

a la carne
b la ensalada
c la pasta

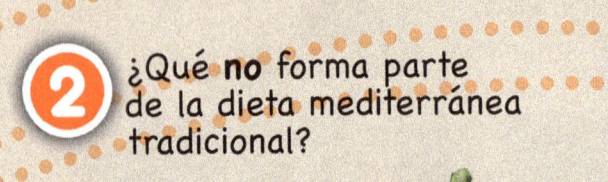

2 ¿Qué **no** forma parte de la dieta mediterránea tradicional?

a aceite de oliva
b hamburguesas
c fruta y verduras

¡Come bien y vive bien!

Encuentra energía para empezar el día con un buen desayuno.

leche
cereales integrales
fruta
café con leche
huevos
tostadas
zumo de fruta natural

3 ¿Cuántas de estas cosas desayunas?

50 cincuenta

En forma - 3

4 Esta es una foto de un postre típico de España. Se llama:

- a mousse de chocolate
- b crema catalana
- c tarta de limón

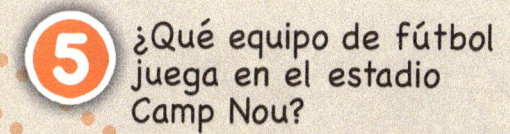

5 ¿Qué equipo de fútbol juega en el estadio Camp Nou?

- a Real Madrid
- b FC Barcelona
- c Athletic de Bilbao

6 Esta persona es de Venezuela. Va a jugar al deporte más popular de Venezuela que es...

- a el béisbol
- b el fútbol
- c el voleibol

Did you know that the Tarahumara people of northern Mexico run barefoot for extremely long distances? They are known as 'ultrarunners' and can run for over 400 miles!

cincuenta y uno 51

¿Llevas una dieta sana?

○ Talking about diet
○ Using negatives

1 Escucha. Copia y completa la tabla. (1–5)

¿Llevas una dieta sana?   ¿Qué comes?   ¿Qué bebes?

	¿dieta sana? (sí / no)	✓	✗
1	sí	d	

a pescado
b pan
c café
d fruta
e leche
f pasta
g pasteles
h caramelos
i verduras
j galletas

Gramática

To make a sentence negative, put **no** or **nunca** before the verb.
No como pescado.   I <u>don't</u> eat fish.
Nunca bebo leche.   I <u>never</u> drink milk.

Nada means 'nothing' or 'not anything'. Use it with **no** to make a 'sandwich' around the verb.
No como **nada**.   I <u>don't</u> eat <u>anything</u>.

>> p68

2 Escucha otra vez y escribe la expresión de frecuencia mencionada. (1–5)

Ejemplo: **1** three times a day

todos los días	every day
a menudo	often
a veces	sometimes
tres veces al día	three times a day
una vez a la semana	once a week

3 Con tu compañero/a, haz diálogos.

● ¿Llevas una dieta sana?
■ Sí, llevo una dieta (muy / bastante) sana. / No, no llevo una dieta (muy) sana.
● ¿Qué comes?
■ Como <u>verduras</u> <u>todos los días</u>, pero <u>nunca</u> como…
● ¿Qué bebes?
■ Bebo…, pero…

52 cincuenta y dos

En forma – 3.1

4 Lee los blogs. Copia y completa las frases.

| rico/a | delicious |
| asqueroso/a | disgusting |

Zona Cultura
Traditionally Spanish people have a healthy diet including lots of fruit, vegetables, pulses, fish and olive oil. Meat (**carne**) and cured meat such as **chorizo** (spicy pork sausage) are also popular.

Me llamo Valeria y vivo en La Habana, en Cuba. En mi opinión, llevo una dieta bastante sana. Como fruta dos veces al día porque es muy sana. También como carne a menudo. A veces hacemos una barbacoa y como minifritas cubanas. Las minifritas son similares a las hamburguesas, ¡son muy ricas! Nunca como pescado porque soy alérgica.

Me llamo Omar y vivo en Valencia. Creo que no llevo una dieta muy sana porque como galletas todos los días. No como carne porque soy vegetariano. Nunca bebo café porque es asqueroso. ¡Puaj! Durante el mes de Ramadán no como nada y no bebo nada durante las horas de sol porque soy musulmán.

1 Valeria eats fruit twice ⎯ because ⎯.
2 Sometimes she and her family have a ⎯.
3 She never eats ⎯ because ⎯.
4 Omar doesn't eat ⎯ because ⎯.
5 He never drinks ⎯ because ⎯.
6 During Ramadan he ⎯ because ⎯.

5 Escucha. Copia y completa la tabla en español. (1–6)

	comida	frecuencia	¿por qué?
1	hamburguesas	nunca	e

a Son muy ricos.
b Soy vegetariana.
c Es rico.
d Soy musulmán.
e No son sanas.
f Soy alérgico.

6 Trabaja en un grupo de cuatro personas. ¿Qué comes y qué bebes? ¿Por qué?

● ¿Comes <u>carne</u>?
■ Sí, como <u>carne</u> <u>a menudo</u> porque…
▲ No, <u>nunca</u> como <u>carne</u> porque…
◆ ¿Bebes…?

Remember, adjectives need to agree with the noun they are describing.

	café / pan / pescado			sano/a
(No) / (Nunca)	carne / pasta / fruta / leche	(no) **es**	porque	rico/a
Como / Bebo	caramelos / pasteles	(no) **son**		asqueroso/a
	galletas / verduras			sanos/as ricos/as asquerosos/as

Also, remember to use the correct ending on the following words:
Soy vegetariano/a.   Soy alérgico/a.   Soy musulmán/musulmana.

7 ¿Llevas una dieta sana? Escribe un texto sobre tu dieta.

En mi opinión / Creo que (no) llevo…
Como / Bebo… porque…
Pero nunca…

cincuenta y tres 53

¡2! ¡Preparados, listos, ya!

- Talking about an active lifestyle
- Using stem-changing verbs

1 Escucha y escribe las <u>dos</u> letras correctas para cada persona. (1–5)

¿Qué haces para estar en forma?

Ejemplo: **1** b, d

Juego…
Prefiero jugar…

- a 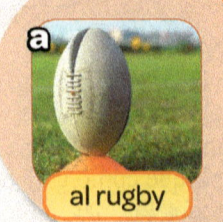 al rugby
- b  al baloncesto
- c  al fútbol
- d  al tenis
- e  a la pelota vasca

Hago…
Prefiero hacer…

- f  gimnasia
- g  artes marciales
- h  atletismo
- i  natación
- j  baile

---

- Use **juego** (I play) for the sports you <u>play</u>. • Use **hago** (I do) for the sports you <u>do</u>.
- Use **prefiero** plus the infinitive **jugar** or **hacer** to say what sports you <u>prefer to</u> play or do.

Juego al rugby. (I play rugby.)   **Prefiero jugar** al tenis. (I prefer to play tennis.)
Hago gimnasia. (I do gymnastics.)   **Prefiero hacer** atletismo. (I prefer to do athletics.)

---

2 Escucha otra vez. Escribe el día mencionado e indica el deporte que cada persona prefiere.

Listen again. Write the day mentioned and circle the sport that each person prefers.

Ejemplo: **1** Tuesdays b, ⓓ

Gramática

Jugar (to play) and **preferir** (to prefer) are stem-changing verbs. Some people call them 'boot verbs'. They have a vowel change in their stem in certain forms.

juego	I play	**jugamos**	we play	**prefiero**	I prefer	**preferimos**	we prefer
juegas	you play	**jugáis**	you (pl) play	**prefieres**	you prefer	**preferís**	you (pl) prefer
juega	he/she plays	**juegan**	they play	**prefiere**	he/she prefers	**prefieren**	they prefer

>> p68

3 Con tu compañero/a, haz <u>cuatro</u> diálogos.

Ejemplo: **1**

● ¿Qué haces para estar en forma?
■ Hago artes marciales los martes, pero prefiero jugar al…

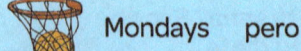

1 Tuesdays pero ♥+ ⚽  
2  Saturdays pero ♥+ 🏊  
3 Mondays pero ♥+ 🏃  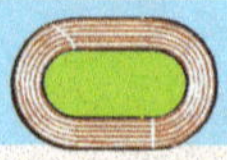
4 ¿Y tú? ¿Qué haces para estar en forma?

54 cincuenta y cuatro

En forma – 3.2

4 Escucha y lee los textos del foro. Busca las frases en español en los textos.

¿Qué haces para estar en forma?

Juego al fútbol todos los días después del insti. Los sábados mi hermano y yo jugamos al baloncesto, pero prefiero jugar al fútbol porque es divertido y soy miembro de un equipo.
Ariana

A veces juego al voleibol con mis amigos porque es muy emocionante. Sin embargo, prefiero hacer natación porque prefiero los deportes individuales.
¿Y tú? ¿Qué deportes prefieres?
David

Los martes y los jueves hago atletismo – soy miembro de un club. También mi amiga Carla y yo hacemos baile a veces. Sin embargo, prefiero hacer atletismo porque soy muy competitiva.
Laura

Los viernes hago ciclismo, pero prefiero jugar al rugby porque prefiero los deportes de equipo. Juego al rugby cuatro veces a la semana porque es mi deporte favorito. ¿Juegas al rugby también?
Iker

1 every day after school
2 I am a member of a team
3 it is very exciting
4 I prefer individual sports
5 I am very competitive
6 I prefer team sports

5 Lee los textos otra vez. ¿Verdadero o falso? Escribe V o F.

1 Ariana juega al fútbol por la mañana.
2 Ariana es miembro de un equipo de fútbol.
3 David prefiere hacer natación porque es emocionante.
4 Laura hace atletismo dos veces a la semana.
5 Iker hace ciclismo los jueves.
6 Iker no juega al rugby todos los días.

6 Con tu compañero/a, haz presentaciones para Sonia y Héctor. Usa las expresiones del ejercicio 4.

● Juego / Hago… (los lunes, después del insti). Sin embargo, prefiero jugar / hacer… porque…

Sonia
plays tennis (2x week)
prefers swimming
– fun
– prefers individual sports
– every day after school

Héctor
does gymnastics (Tues)
prefers football
– favourite sport
– member of a team
– 3x week

7 ¿Y tú? ¿Qué haces para estar en forma? Escribe en el foro. Utiliza los textos del ejercicio 4 como modelo.

cincuenta y cinco 55

¿Cuál es tu rutina diaria?

○ Talking about your daily routine
○ Using reflexive verbs

1 Salma es fanática de la natación. Escribe la letra correcta para cada dibujo.

Ejemplo: **1** c

Describe tu rutina diaria.

a A las seis y cuarto **voy** a la piscina.
b **Ceno** a las ocho. Normalmente ceno pollo con verduras.
c **Me despierto** a las seis y **me levanto** enseguida.
d Finalmente **me acuesto** a las nueve – ¡muy temprano!
e Luego **me ducho** y **desayuno** cereales.
f … y luego **me visto** en mi dormitorio.
g Después del insti **hago** natación hasta las siete.
h Primero **me lavo** los dientes…

enseguida *straight away*
temprano *early*
hasta *until*

2 Escucha y comprueba tus respuestas.

Gramática

Reflexive verbs include a reflexive pronoun, e.g. **me, te, se**.
They often describe an action you do to yourself, e.g. **levantarse** – to get (yourself) up.

me levanto	I get up
te levantas	you get up
se levanta	he/she gets up
nos levantamos	we get up
os levantáis	you (plural) get up
se levantan	they get up

Some reflexive verbs are stem-changing:
  despertarse (to wake up)   → me desp**ie**rto
  acostarse   (to go to bed)   → me ac**ue**sto
  vestirse   (to get dressed) → me v**i**sto

>> p69

3 Escribe las frases correctamente. Luego traduce las frases al inglés.

Ejemplo: **1** Me despierto a las siete.   I wake up at 7 o'clock.

1 despierto siete las Me a
2 me Normalmente enseguida levanto
3 me y fruta Desayuno ducho
4 las me a visto siete media y Luego
5 a lavo las Me dientes los ocho
6 acuesto las Finalmente me diez a

56 cincuenta y seis

En forma – 3.3

4 Con tu compañero/a, juega. Haz una raya vertical o diagonal.
With your partner, play the game. Make a vertical or diagonal line.

● Me acuesto a las diez.
■ Me levanto a las siete y cuarto.

¿A qué hora?

a las seis

a las seis y cuarto

a las seis y media

a las siete menos cuarto

5 Escucha y lee la canción. Contesta a las preguntas en inglés y luego ¡canta!

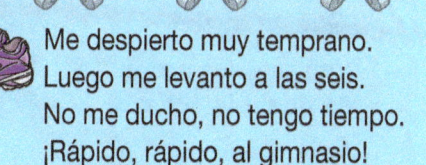

Me despierto muy temprano.
Luego me levanto a las seis.
No me ducho, no tengo tiempo.
¡Rápido, rápido, al gimnasio!

Desayuno leche y un huevo.
Luego me visto a las seis y diez.
Me lavo los dientes, si tengo tiempo.
¡Rápido, rápido, al gimnasio!

Después del gimnasio voy al trabajo.
Hago footing a la hora de comer.
No como nada, no tengo tiempo.
¡Rápido, rápido, al gimnasio!

Después del trabajo voy al gimnasio,
Donde entreno hasta las diez.
A las once, me acuesto.
¡Rápido, rápido, rápido, a dormir!

Gonzalo

si	*if*
hago footing	*I go jogging*
entreno	*I train*

1 What time does Gonzalo get up?
2 Why doesn't he have a shower?
3 What does he have for breakfast?
4 Does he always brush his teeth?
5 When does he go jogging?
6 What time does he go to bed?

6 Escucha la entrevista con Saúl. Copia y completa las frases en español.

1 Me despierto a las ▬.
2 Voy al parque, donde hago ▬.
3 Desayuno a las ▬ – fruta y ▬.
4 Después del trabajo voy al ▬.
5 Voy a casa a las ▬.
6 ▬ a las nueve – carne o ▬.
7 Me acuesto a las ▬.

7 ¿Eres fanático/a de estar en forma? Describe tu rutina diaria.
Are you a fitness fanatic? Describe your daily routine.

- Normalmente me despierto a las... y...
- Primero... Luego...

cincuenta y siete 57

¡Me duele todo!

o Talking about ailments
o Using different verbs to describe illness

1 Escucha. ¿Quién habla? Escribe el nombre correcto. (1–8)

Ejemplo: **1** Maya

¿Qué te duele?

Me duele... Me duelen...

- la espalda
- el brazo
- la pierna
- el pie
- el estómago
- los dientes
- los ojos
- la cabeza
- los oídos
- la garganta

Hugo   Elsa   César   Maya

2 Con tu compañero/a, describe qué te duele. Añade cada vez otra parte del cuerpo.
Tell your partner what hurts. Add another part of the body each time.

- ¿Qué te duele?
- ¡Ay! Me duele <u>la cabeza</u>. ¿Qué te duele?
- ¡Ay! Me duele <u>la cabeza</u> y me duelen <u>los ojos</u>.

| ¿Qué te duele? | What hurts (you)? |

With singular nouns:
Me duele la cabeza.   My head hurts.

With plural nouns:
Me duelen los dientes.   My teeth hurt.

Note: in English you say '<u>my</u> leg hurts', but in Spanish you say '<u>the</u> leg hurts me' (me duele <u>la</u> pierna).

3 Lee los tuits. Copia y completa la tabla.

	problem(s)	reason
Abel	eyes hurt, ...	played...

Abel @abelsoyyo
#me-duele Estoy fatal 😟. Anoche jugué a un videojuego durante cuatro horas y por eso me duelen los ojos. También me duele la espalda.

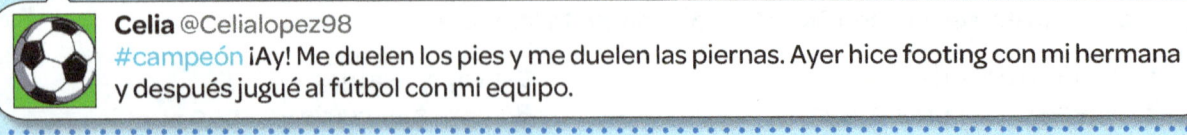

Celia @Celialopez98
#campeón ¡Ay! Me duelen los pies y me duelen las piernas. Ayer hice footing con mi hermana y después jugué al fútbol con mi equipo.

Noé @noe777
#cumpleaños Anoche fui a un restaurante colombiano para celebrar mi cumpleaños 🙂, pero comí mucho y por eso hoy me duele el estómago 😟. ¡Qué desastre!

| anoche | last night |
| hoy | today |

cincuenta y ocho

En forma – 3.4

4 Escucha. Irene no quiere ir al insti. Escribe la letra correcta y apunta los datos en inglés. (1–4)

Ejemplo: **1** d – went swimming

a Estoy enfermo / enferma.
b Estoy cansado / cansada. 
c Tengo tos. 
d Tengo catarro. 

Gramática

There are two verbs for 'to be' in Spanish: **ser** and **estar**. You use **estar** for <u>temporary</u> states, such as being ill or tired.

estoy	I am
estás	you are
está	he/she/it is
estamos	we are
estáis	you (plural) are
están	they are

¿Qué tal **estás**?   How are you?
Estoy enfermo/a.   I'm ill.

>> p69

5 Lee el diario de Víctor. Escribe el día correcto en inglés.

Ejemplo: **1** Sunday

---

lunes, 6 de febrero

Hoy no voy al insti. Normalmente me levanto a las siete, pero hoy estoy muy cansado. Anoche fui a un concierto de mi grupo favorito donde bailé mucho. Después comí una hamburguesa enorme con patatas fritas. Hoy me duele el estómago y también me duele la garganta.

jueves, 9 de febrero

Estoy enfermo y por eso no voy al insti. Ayer después del insti jugué al baloncesto con mi equipo durante dos horas. Luego fui al estadio, donde hice atletismo. Hoy tengo catarro y tengo tos. También me duelen los pies y las piernas. ¡Hoy no me levanto!

Which day did Víctor…

1 go to a concert?
2 do athletics?
3 have a cough?
4 eat chips?
5 play basketball?
6 have a sore throat?

> Pay attention to verbs and time phrases. For example, on Monday Víctor says '**anoche fui a un concierto**' (<u>last night</u> I <u>went</u> to a concert), so what is the correct answer to question 1?

6 Imagina que no quieres ir al insti. Con tu compañero/a, haz diálogos.

● ¿Qué tal estás?
■ Hoy no voy al insti. Estoy <u>enfermo/a</u>.
● ¿Qué te duele?
■ Me duele <u>la cabeza</u> / Me duelen <u>los oídos</u>.
● ¿Por qué?
■ Porque <u>ayer</u> <u>fui a la playa</u> y…

> You use:
> • **me duele(n)** to say that something <u>hurts</u> (e.g. your head, your foot)
> • **tengo** to say that you <u>have</u> something (e.g. a cold, cough)
> • **estoy** to say 'I <u>am</u>' (e.g. tired, ill).

7 ¡Eres hipocondríaco/a! Escribe una entrada en tu diario. Utiliza el ejercicio 5 como modelo.

Hoy no voy al insti. Estoy…

cincuenta y nueve   59

Módulo 3 ¡5! ¡Muévete!

○ Talking about getting fit
○ Using **se debe / no se debe**

1 Leer
¿Cuál es el consejo apropiado? Empareja las frases con los dibujos.
Which piece of advice is appropriate? Match the phrases to the pictures.

Ejemplo: 1 e

Consejos para estar en forma

1 ✔ Se debe dormir ocho horas al día.
2 ✔ Se debe comer más fruta y verduras.
3 ✔ Se debe beber agua frecuentemente.
4 ✔ Se debe entrenar una hora al día.
5 ✗ No se debe comer comida basura.
6 ✗ No se debe fumar.
7 ✗ No se debe beber alcohol.
8 ✗ No se debe beber muchos refrescos.

2 Escuchar
Escucha y comprueba tus respuestas.

Gramática

You use **se debe** to mean 'you/one must', 'should' or 'ought to'. It is followed by an infinitive.

Se debe beber agua frecuentemente.   You should drink water frequently.
No se debe beber muchos refrescos.   You shouldn't drink lots of fizzy drinks.

3 Escuchar
Escucha los consejos. Haz una raya horizontal, vertical o diagonal con los dibujos. (1–3)

Ejemplo: 1 b...

4 Hablar
Mira el juego en el ejercicio 3. Con tu compañero/a, haz rayas horizontales, verticales o diagonales.

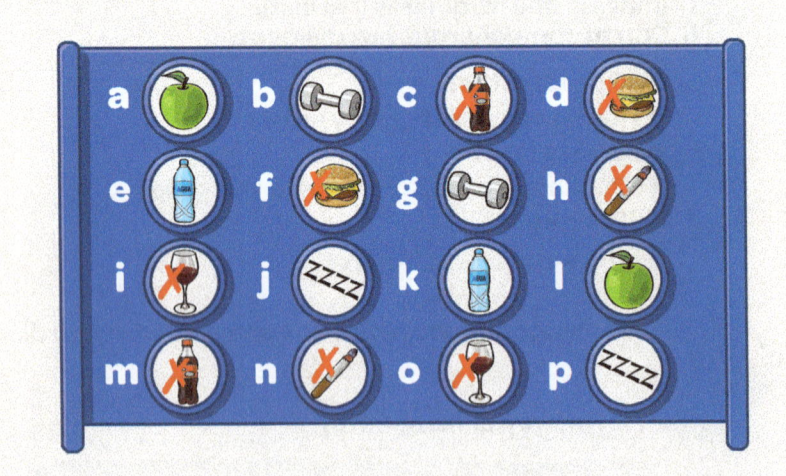

60 sesenta

En forma – 3.5

5 Escribe las frases.

Ejemplo: **1** <u>S</u>e <u>d</u>ebe <u>b</u>eber <u>a</u>gua <u>f</u>recuentemente.

1 S d b a f.
2 S d e u h a d.
3 N s d f.
4 N s d c c b.
5 S d d o h a d.
6 N s d b a.

6 Lee los problemas de tres jugadores. La Doctora Sana responde a <u>uno</u> de los problemas. Elige el problema correcto.

1 ¡Ay! Tengo que estar en forma para jugar al baloncesto con mi equipo pero no llevo una dieta sana. Desayuno galletas y como muchas hamburguesas y patatas fritas. ¡Me encanta la comida basura!

2 ¡Estoy fatal! Soy adicto a los videojuegos. Juego cuatro horas al día con mi consola y no tengo energía para entrenar. Me acuesto a la una cada noche y siempre estoy cansado.

3 Tengo un problema. Me encantan las bebidas dulces pero no me gusta el agua. Por eso prefiero beber refrescos. Bebo normalmente seis o siete colas al día. A menudo por la tarde me duele la cabeza.

Doctora Sana: ¿Estás loco? Todo con moderación. Estás mal porque consumes una alta dosis de cafeína y no bebes agua. Se debe beber al menos dos litros de agua al día. Esto es muy importante.

7 Escribe <u>dos</u> resoluciones para los otros dos jugadores del ejercicio 6.
Write <u>two</u> resolutions for the other two players in exercise 6.

Mis resoluciones: Voy a beber agua frecuentemente (2 litros al día).
No voy a beber muchos refrescos.

> You use the near future tense for resolutions.
> **Voy a entrenar una hora al día.**
> I am going to train for one hour a day.

8 Escucha y elige la opción correcta.

1 Manuela es adicta *a la comida basura / al chocolate*.
2 Desayuna *cereales de chocolate / chocolate caliente*.
3 Come un kilo de chocolate *todos los días / cada semana*.
4 No le gustan nada *las verduras / los caramelos*.
5 Se debe hacer ejercicio *tres veces a la semana / dos horas al día*.
6 Manuela va a comer *más chocolate / más fruta*.

9 No estás en forma. Tu equipo depende de ti. Explica tu problema a la Doctora Sana.

Say:
- you need to keep fit **(Tengo que estar en forma.)**
- what you are addicted to **(Soy adicto/a al / a la / a los / a las...)**
- when / how often you eat, drink, play... **(Como... Bebo... Juego... casi todos los días.)**
- what you should / shouldn't do **(Se debe... y no se debe...)**
- what you are going to do **(Voy a...)**.

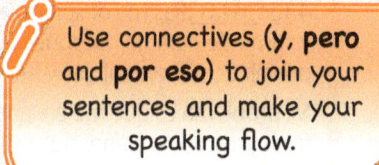

> Use connectives (**y**, **pero** and **por eso**) to join your sentences and make your speaking flow.

sesenta y uno 61

¡6! Mi rutina diaria

- Giving a presentation about your lifestyle
- Creating interesting sentences

1 Escucha y lee. Pon los dibujos en el orden correcto.

Me llamo Santi. Vivo en Valencia. Llevo una dieta sana. Bebo agua y como fruta. Me gusta la fruta. Me gustan las manzanas.

Estoy en forma. Juego al fútbol y juego al baloncesto. Me gusta mucho el deporte.

Mi rutina diaria: Me despierto y me levanto. Desayuno tostadas y voy al insti. Ceno a las nueve. Me acuesto. Juego a los videojuegos hasta la una. Siempre estoy cansado.

Mi resolución: Voy a dormir ocho horas. No voy a jugar a los videojuegos todos los días.

las manzanas *apples*

Improving the flow
Santi's presentation uses lots of short sentences. Calculate the ASL (average sentence length) by dividing the total word count by the number of sentences. To avoid short sentences and improve the flow, use connectives.

2 Mejora el primer párrafo de la presentación de Santi. Elige los conectores más apropiados. Calcula otra vez la ASL.
Improve the first paragraph of Santi's presentation. Choose the most appropriate connectives. Recalculate the ASL.

Me llamo Santi ——— vivo en Valencia. Llevo una dieta sana. Bebo agua y ——— como fruta ——— me gusta la fruta. ———, me gustan las manzanas.

por ejemplo   pero   y   por eso
donde   porque   también

Making sentences more interesting
As well as connectives, use the following to make your sentences more interesting:
- expressions of frequency (**A veces…**)
- sequencers (**Primero… Más tarde… Después…**)
- opinions (**Creo que… / En mi opinión, …**)

3 Lee la presentación. Categoriza las palabras y frases subrayadas. ¿Son (a) expresiones de frecuencia, (b) expresiones de secuencia o (c) opiniones?

Ejemplo: **1** c (opinion)

Me llamo Gabriela y vivo en Toledo, en España. **1** <u>Creo que</u> llevo una dieta bastante sana. Por lo general bebo agua y como pescado **2** <u>dos o tres veces a la semana</u>. Y también, en mi familia comemos muchas verduras.

Para estar en forma, hago natación a menudo. Prefiero jugar al tenis, pero **3** <u>a veces</u> juego al baloncesto con mi hermano.

4 <u>Todos los días</u> me despierto a las siete. **5** <u>Primero</u> me levanto, me ducho y me visto. **6** <u>Luego</u> desayuno cereales y zumo de naranja. Después del insti voy a la piscina, donde hago natación. **7** <u>Siempre</u> ceno a las nueve. Se debe dormir ocho horas al día, y por eso me acuesto a las diez – **8** <u>en mi opinión</u>, no es muy tarde.

Mi problema es que me encantan los dulces. Cuando hago mis deberes siempre como caramelos. Voy a comer más fruta y ¡no voy a comer dulces!

En forma – 3.6

4 Lee la presentación otra vez. Busca las frases en español en el texto.

1. in general
2. (in order to) to keep fit
3. I prefer to play
4. after school
5. my problem is that
6. when I do my homework

5 Practica tu pronunciación. Lee la presentación de Gabriela del ejercicio 3 en voz alta.

> **Pronunciación**
>
> It's important to pay attention to detail in your pronunciation. Put your lips together to make the **v** sound (**v**ivo, lle**v**o, a **v**eces, **v**erduras, me le**v**anto, me **v**isto, **v**oy), which is more like a **b** in Spanish.

6 Escucha a Gabriela. Compara tu pronunciación con la pronunciación de Gabriela.

7 Prepara una presentación (¡verdadera o imaginaria!) sobre tu dieta, tu actividad física y tu rutina diaria. Haz una lluvia de ideas.

- what your diet is like (Creo que llevo una dieta bastante sana. Por lo general…)
- how you keep fit (Para estar en forma…)
- one thing about your lifestyle which is unhealthy (Soy adicto/a al / a la / a los / a las… y por eso…)
- your daily routine (Todos los días…)
- what you are going to do to improve the situation (Voy a…)

→ mi presentación

SKILLS — Varying your sentence starters

Vary the way you start your sentences to add interest and length. Use some of the sentence starters from exercise 4 in your presentation.

8 Haz tarjetas con las palabras claves de tu presentación.

Make cue cards with the key words from your presentation on them.

Ejemplo:
Creo que llevo una dieta bastante sana. → dieta b. sana

SKILLS — Rehearsing a presentation

Always rehearse your presentation thoroughly. When you rehearse:
- practise out loud, until you feel confident
- try to sound as Spanish as you can
- make eye contact with your audience
- speak clearly
- smile!

9 Practica tu presentación.

10 Con tu compañero/a, haz tu presentación. Tu compañero/a escucha y anota.

your presentation shows…	perfecto ★★★	bravo ★★	bien ★
good pronunciation			
confidence			
opinions			
interesting sentences with connectives, expressions of frequency, sequencers			

sesenta y tres 63

¡LECTURA!

Me tomas el pelo

- Understanding Spanish idioms
- Reading Spanish songs and poems

1 Empareja los dibujos con los dichos.
Match up the pictures with the idioms.

Ejemplo: **1** c

1. Me tomas el pelo.
2. Ojo por ojo y diente por diente.
3. Estoy hasta las narices de mi hermano.
4. Conozco la ciudad como la palma de la mano.
5. Pon los pies en la tierra.

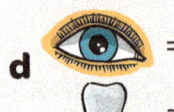

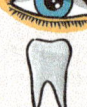

> An idiom is an expression that is not used literally. For example, 'It cost an arm and a leg' doesn't actually mean that you had to pay for something with your arm and your leg! It just means it cost a lot.

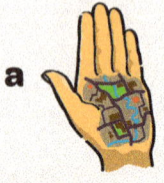

2 Escucha y comprueba tus respuestas. (1–5)

las narices — nose

3 Busca el equivalente en español de estos dichos en el ejercicio 1.

1. Keep your feet on the ground.
2. You are pulling my leg.
3. An eye for an eye and a tooth for a tooth.
4. I know the city like the back of my hand.
5. I am fed up to the back teeth with my brother.

4 Lee los dichos otra vez y discute con tu compañero/a.

1. Which idioms are the same or nearly the same in both languages?
2. Which ones are different? How are they different?

5 Con tu compañero/a, reacciona a las frases utilizando los dichos del ejercicio 1.

Ejemplo: **1**
● ¿Sabes dónde está la cafetería?
■ Conozco la ciudad como la palma de la mano.

1. ¿Sabes dónde está la cafetería?
2. ¡En el futuro voy a ser una estrella de cine!
3. ¿Qué tal estás?
4. ¡Este es mi tío, Cristiano Ronaldo!

sesenta y cuatro

En forma – 3

6 Lee y completa la canción con las palabras de los recuadros.

A mi burro

A mi burro, a mi burro
le duele **1** _____.
El médico le ha dado
una gorrita negra,
una gorrita negra,
mi burro enfermo está.

A mi burro, a mi burro
le duele **2** _____.
El médico le ha dado
una bufanda blanca,
una bufanda blanca,
mi burro enfermo está.

A mi burro, a mi burro
le duele **3** _____.
El médico le ha dado
gotitas de limón,
gotitas de limón,
mi burro enfermo está.

A mi burro, a mi burro
le duelen **4** _____.
El médico le ha dado
un frasco de pastillas,
un frasco de pastillas,
mi burro enfermo está.

las rodillas

la cabeza

el corazón

la garganta

> Songs and poems often rhyme. Reading aloud the lines before and after the gaps will help you identify the missing words.

7 Escucha y comprueba tus respuestas.

8 Lee la canción otra vez. Pon los dibujos en el orden de la canción.

a b c d

9 Escucha y lee el poema. ¿El tono es serio o cómico? ¿Por qué piensas así?
Listen to and read the poem. Is the tone serious or funny? Why do you think that?

Es verdad

¡Ay qué trabajo me cuesta
quererte como te quiero!

    Por tu amor me duele el aire,
    el corazón
    y el sombrero.

¡Ay qué trabajo me cuesta
quererte como te quiero!

        Federico García Lorca

> The phrase **me cuesta** literally means 'it costs me', but the whole phrase **¡Qué trabajo me cuesta...!** really means 'What hard work it is...!'
>
> The verb **querer** can mean 'to want' or 'to love', so **quererte como te quiero** could mean 'loving you as I love you' or 'wanting you as I want you'.

10 Lee el poema otra vez. Contesta a las preguntas en inglés.

1 What does the title of the poem mean?
2 Which two key words are in the poem and in the song from exercise 6?
3 Which three things are hurting the poet?
4 What is the cause of this pain?
5 What do you think of the poem? Why?

sesenta y cinco **65**

¡RESUMEN! I can…

¡1!
- say whether I have a healthy diet — Creo que llevo una dieta bastante sana.
- say how often I eat something — Como verduras a veces.
- say why I eat or don't eat something — No como carne porque soy vegetariano/a.
- use negatives — No bebo leche. Nunca como pescado. No como nada.

¡2!
- say what sports I play or do — Juego al baloncesto. Hago atletismo.
- say when I play or do a sport — Los lunes juego al fútbol.
- say what sport I prefer — Prefiero hacer natación.
- use stem-changing verbs — Juega al rugby todos los días. ¿Prefieres hacer ciclismo o baile?

¡3!
- talk about my daily routine — Me despierto a las cinco.
- use reflexive verbs in the present tense — Primero me ducho, luego me visto.

¡4!
- say what's wrong with me — Tengo catarro. Tengo tos.
- use **me duele(n)** to say what hurts — Me duele la garganta. Me duelen los dientes.
- use **estar** to describe a temporary state — Estoy enfermo/a. Estoy cansado/a.

¡5!
- say what someone should (not) do to get fit — Se debe dormir ocho horas al día. No se debe fumar.
- describe a health problem — Soy adicto/a a los caramelos.
- say what I am going to do — Voy a comer más fruta.
- use **(no) se debe** with an infinitive — Se debe beber agua frecuentemente.

¡6!
- give a presentation about fitness and routine
- create complex sentences by using:
  - connectives
  - opinions
  - expressions of frequency
  - sequencers
  - sentence starters
- pay attention to detail in my pronunciation
- improve my fluency by practising my presentations thoroughly

¡7!
- work out the meaning of some Spanish idioms
- use some Spanish idioms in appropriate contexts
- read and understand a Spanish song and poem

66 sesenta y seis

En forma – 3

¡PREPÁRATE!

1 Escucha. Copia y completa la tabla en inglés. (1–3)

	sport	frequency	prefers…
1			

2 Con tu compañero/a, haz diálogos.

Ejemplo: 1 ● Como mucha comida basura.
■ Se debe comer más verduras.

3 Lee el texto y completa las frases en inglés.

> En mi opinión, llevo una dieta bastante sana. Me encanta la fruta, especialmente las fresas. Nunca como pescado porque es asqueroso. Me encanta la comida italiana. ¡Ñam, ñam!
>
> Todos los días me despierto temprano, a las siete y media, y me levanto enseguida. Desayuno y luego voy al insti.
>
> Para estar en forma, normalmente hago footing por la tarde después del insti. Sin embargo, esta semana me duelen los pies y estoy muy cansada. ¡Hoy no voy a correr! Pero tengo que entrenar porque voy a correr un medio maratón en julio.
>
> Andrea

1 Andrea thinks her diet is ──.
2 She never eats ── because ──.
3 Every day she ──.
4 To keep fit, she ──.
5 However, this week her ── and she is ──.
6 In July, she ──.

4 Escribe un párrafo utilizando las notas.

To make your writing more interesting:
• give your opinion
• use connectives to link your sentences
• refer to exercise 3, to your previous work and to other units from this module.

○ have quite a healthy diet, eat vegetables and fish
○ sleep eight hours and get up early every day
○ have fruit for breakfast
○ like sport, play tennis once a week
○ but this week back hurts and very tired
○ so next week am going to go swimming

sesenta y siete 67

¡GRAMÁTICA!

Negatives

To make a sentence negative, put **no** or **nunca** before the verb.

No como carne.   I don't eat meat.
Nunca bebo café.   I never drink coffee.

Nada means 'nothing' or 'not anything'. Use it with **no** to make a 'sandwich' around the verb.

No bebo **nada**.   I don't drink anything.

1 Write these sentences out in the correct order. Translate them into English.

1. bebo No cola la mañana por
2. al juego tenis Nunca
3. desayuno No nada
4. hacemos Nunca natación
5. en no equipo juega un María
6. come todos Benito galletas días no los

Stem-changing verbs

Stem-changing verbs, such as **jugar** (to play) and **preferir** (to prefer), have a vowel change in their stem in the 'I', 'you' (singular), 'he/she' and 'they' forms of the present tense. Some people call them 'boot verbs'.

ju**e**go	I play	jugamos	we play
ju**e**gas	you play	jugáis	you (plural) play
ju**e**ga	he/she plays	ju**e**gan	they play

pref**i**ero	I prefer	preferimos	we prefer
pref**i**eres	you prefer	preferís	you (plural) prefer
pref**i**ere	he/she prefers	pref**i**eren	they prefer

In sentences about what you prefer to do, **preferir** is followed by an infinitive.

Prefiero hacer atletismo.   I prefer to do athletics.
Preferimos montar en bici.   We prefer to ride bikes.

2 Fill in the gaps with the correct part of **jugar** or **preferir**.

Example: 1 Juega al baloncesto una vez al mes.

1. ____ al baloncesto una vez al mes. *(he/she)*
2. ____ jugar a los videojuegos. *(I)*
3. No ____ al rugby los martes. *(we)*
4. ____ hacer natación. *(they)*
5. ¿____ jugar con tus amigos? *(you singular)*
6. ¿____ a la pelota vasca? *(you plural)*

En forma – 3

Reflexive verbs

Reflexive verbs often describe an action you do to yourself. They include a reflexive pronoun (e.g. **me**, **te**, **se**). The reflexive pronoun goes in front of the verb and changes according to who does the action.

lavarse	to get washed (to wash oneself)		
me lavo	I get washed	**nos** lavamos	we get washed
te lavas	you get washed	**os** laváis	you (plural) get washed
se lava	he/she gets washed	**se** lavan	they get washed

Some reflexive verbs are also stem-changing.

acostarse (to go to bed) → me ac**ue**sto (works like **jugar**)
despertarse (to wake up) → me desp**ie**rto (works like **preferir**)
vestirse (to get dressed) → me v**i**sto

3 Use the pictures to describe Anita's daily routine in Spanish.

Example: **1** Se despierta a las siete menos cuarto y...

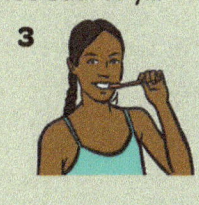

4 Complete the Spanish and English parallel translations.

Example: **1** <u>Me levanto</u> a las seis. I get up <u>at 6 o'clock</u>.

1	——— a las seis.	I get up ———.
2	——— los dientes.	He brushes ———.
3	Nos acostamos ———.	——— at 10 o'clock.
4	¿A qué hora ———?	——— do you have a shower?
5	——— a las siete.	They wash ———.

Estar

There are two verbs for 'to be' in Spanish: **ser** and **estar**. Use **estar** for <u>temporary</u> states, such as being ill or tired, and locations. Use **ser** for <u>permanent</u> states, such as physical appearance or personality. You also use **ser** for telling the time.

estar	to be	**ser**	to be
estoy	I am	soy	I am
estás	you are	eres	you are
está	he/she/it is	es	he/she/it is
estamos	we are	somos	we are
estáis	you (plural) are	sois	you (plural) are
están	they are	son	they are

¿Qué tal **estás**? How are you? ¿Cómo **eres**? What are you like?
Estoy enfermo/a. I'm ill. **Soy** alto/a. I am tall.

5 Complete the sentences, choosing the correct form of the verb **ser** or **estar**.

1 Matías no va al insti. ——— enfermo. *(he)*
2 ¿Qué hora ———? Son las seis. *(it)*
3 Mis abuelos siempre ——— cansados. Se acuestan muy tarde. *(they)*
4 Mis amigos y yo ——— fanáticos del Real Madrid. *(we)*
5 ¿Cómo ———? Soy bastante paciente y muy trabajador. *(you)*

sesenta y nueve 69

¡PALABRAS!

¿Llevas una dieta sana? — Do you have a healthy diet?

Llevo una dieta (bastante) sana.	I have (quite) a healthy diet.	¿Qué bebes?	What do you drink?
¿Qué comes?	What do you eat?	Bebo...	I drink...
Como...	I eat...	agua	water
caramelos	sweets	café	coffee
fruta	fruit	leche	milk
galletas	biscuits	todos los días	every day
pan	bread	a menudo	often
pescado	fish	a veces	sometimes
pasta	pasta	tres veces al día	three times a day
pasteles	cakes	una vez a la semana	once a week
verduras	vegetables	Nunca como pescado.	I never eat fish.
		No bebo nada.	I don't drink anything.

¿Por qué (no) comes...? — Why do you (not) eat...?

Es sano / sana.	It's healthy.	Soy vegetariano / vegetariana.	I am a vegetarian.
Son sanos / sanas.	They are healthy.	Soy alérgico / alérgica.	I am allergic.
Es rico / rica.	It's delicious.	Soy musulmán / musulmana.	I am a Muslim.
Es asqueroso / asquerosa.	It's disgusting.		

¿Qué haces para estar en forma? — What do you do to keep fit?

Juego al baloncesto.	I play basketball.	Hago baile.	I do dance.
Juego al fútbol.	I play football.	Hago footing.	I go jogging.
Juego a la pelota vasca.	I play pelota (Basque ball game).	Hago gimnasia.	I do gymnastics.
		Hago natación.	I go swimming.
Juego al rugby.	I play rugby.	Juego al rugby los martes.	I play rugby on Tuesdays.
Juego al tenis.	I play tennis.	Hago gimnasia dos veces a la semana.	I do gymnastics twice a week.
Hago artes marciales.	I do martial arts.		
Hago atletismo.	I do athletics.		

¿Qué deporte prefieres? — Which sport do you prefer?

Prefiero jugar al baloncesto.	I prefer to play basketball.	Prefiero los deportes de equipo.	I prefer team sports.
Prefiero hacer baile.	I prefer to do dance.	Prefiero los deportes individuales.	I prefer individual sports.
Prefiero hacer natación.	I prefer to go swimming.	Es mi deporte favorito.	It is my favourite sport.

Describe tu rutina diaria — Describe your daily routine

Me despierto.	I wake up.	Voy a la piscina.	I go to the swimming pool.
Me levanto (enseguida).	I get up (straight away).	Voy al trabajo.	I go to work.
Me lavo los dientes.	I brush my teeth.	Voy al gimnasio.	I go to the gym.
Me ducho.	I shower.	Entreno.	I exercise / train.
Me visto.	I get dressed.	a las seis	at six o'clock
Me acuesto.	I go to bed.	a las siete y cuarto	at quarter past seven
Desayuno.	I have breakfast.	a las nueve y media	at half past nine
Ceno.	I have dinner.	a las diez menos cuarto	at quarter to ten

En forma – 3

¿Qué te duele? What hurts (you)?

Me duele el brazo.	My arm hurts.	Me duele la garganta.	My throat hurts.
Me duele el estómago.	My stomach hurts.	Me duele la pierna.	My leg hurts.
Me duele el pie.	My foot hurts.	Me duelen los dientes.	My teeth hurt.
Me duele la cabeza.	My head hurts.	Me duelen los oídos.	My ears hurt.
Me duele la espalda.	My back hurts.	Me duelen los ojos.	My eyes hurt.

¿Qué tal estás? How are you?

Estoy cansado / cansada.	I am tired.	Tengo catarro.	I have a cold.
Estoy enfermo / enferma.	I am ill.	Tengo tos.	I have a cough.

Consejos para estar en forma Advice for keeping fit / in shape

Para estar en forma...	To keep fit / in shape...	beber alcohol	drink alcohol
Se debe...	You/One must / should...	beber muchos refrescos	drink lots of fizzy drinks
beber agua frecuentemente	drink water frequently	comer comida basura	eat junk food
		fumar	smoke
comer más fruta y verduras	eat more fruit and vegetables	Soy adicto / adicta al / a la / a los / a las...	I am addicted to...
dormir ocho horas al día	sleep for eight hours a day	Voy a entrenar tres veces a la semana.	I am going to exercise three times a week.
entrenar una hora al día	exercise for one hour a day		
No se debe...	You/One must not / should not...	No voy a beber muchos refrescos.	I am not going to drink lots of fizzy drinks.

Palabras muy frecuentes High-frequency words

casi	almost / nearly	hasta	until
cada	each / every	ahora	now
todo / toda / todos / todas	all	hoy	today
mucho / mucha / muchos / muchas	a lot (of)	ayer	yesterday
		anoche	last night
primero	first	para	(in order) to
luego	then	creo que	I think / believe that
después	afterwards	por eso	so / therefore
finalmente	finally	sin embargo	however
por lo general	in general	donde	where

Estrategia 3
Learning new vocabulary

- Make your own word games. For example, write down the Spanish words you need to learn in one column and their English translations in another. Cut them up and play a game of pairs. Say each Spanish word to yourself as you pick it up.

la mano	hand
la pierna	leg
el pie	foot

- Next, take your learning further. In your vocabulary lists, highlight the words you definitely know in green. Highlight the ones that you don't know in red. Work harder at learning the red words. When you think you know a red word, draw a star by it.

setenta y uno

¡PROYECTO!

Una rutina de baile

○ Teaching a dance routine
○ Revising the imperative

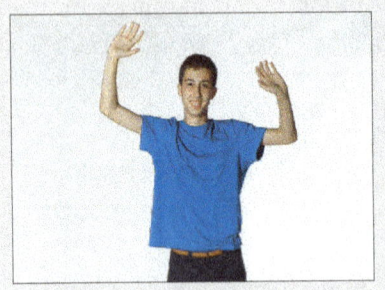

1 Escucha y lee.

Pon las manos arriba.

Pon las manos abajo.

Da un paso a la izquierda.

Da un paso a la derecha.

Toca los pies.

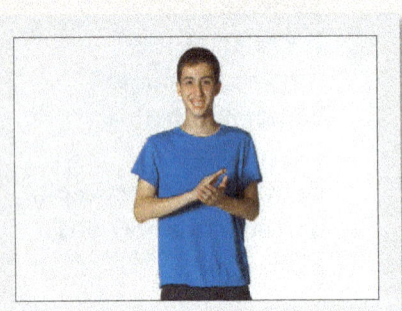

Da palmas.

¡Salta!

¡Otra vez! ¡Repite!

| ¡Otra vez! | Again! |
| ¡Repite! | Repeat! |

2 Escribe la frase correcta en español.

1 Touch your feet.
2 Take a step to the right.
3 Put your hands down.
4 Clap your hands.
5 Take a step to the left.
6 Jump!
7 Put your hands up.

Remember, you use the imperative to tell someone what to do. Take the **tú** (you) form of the verb and take off the final 's'.

tocas (you touch) → **¡Toca!** (Touch!)
repites (you repeat) → **¡Repite!** (Repeat!)

Some imperatives are irregular:

pones (you put) → **¡Pon!** (Put!)

3 Con tu compañero/a, da instrucciones para hacer una rutina. Tu compañero/a hace la rutina.

● Primero da un paso a la derecha. Luego…

Use sequencers to help tell your partner what to do:
primero (first)   **luego** (then)   **ahora** (now)

setenta y dos

En forma – 3

4 Escucha y completa la canción con las palabras del recuadro.

Pon la mano aquí, pon la mano allá.
Aquí, **1** ____ y da la vuelta.
Bailamos bugui bugui, todos así.
Y vamos a aplaudir.

Estribillo
Hey bugui, bugui hey.
Hey bugui, bugui hey.
Hey bugui, bugui hey.
Y ahora **2** ____ a aplaudir.

Pon la pierna aquí, pon la **3** ____ allá.
Aquí, allá y da la vuelta.
Bailamos bugui bugui, todos así.
Y vamos a **4** ____.

(*Estribillo*)

Todo el **5** ____ aquí, todo el cuerpo allá.
Aquí, allá y da la vuelta.
Bailamos bugui bugui, todos así.
Y vamos a aplaudir.

(*Estribillo*)

| cuerpo |
| aplaudir |
| vamos |
| pierna |
| allá |

Da la vuelta. Turn around.
el estribillo chorus

5 Busca las frases en español en la canción.
1 put your hand here
2 put your leg there
3 we dance
4 everyone like this
5 we are going to applaud
6 the whole body

6 En un grupo de cuatro personas, prepara una rutina de ejercicio o de baile.
- Write a set of 4–6 instructions in Spanish.
- Choose some music to move to. Think carefully about the rhythm. Choose a lively, steady beat.
- Fit your instructions to the music. You can repeat individual steps to make the routine fit.
- Rehearse. Say the instructions out loud as you practise.

Adapt the instructions to include different body parts (e.g. knee, shoulder, elbow, toes, face). Use a dictionary to look up any unknown words.

7 Cada grupo presenta su rutina. Los otros grupos copian la rutina. Puntúan sobre 10 y dan su opinión.
Each group presents its routine. The other groups copy the routine. They give a score out of 10 and give their opinion.

A mí me encanta.
No me gusta nada.
Me gusta muchísimo.
¡Ay, ay, ay! ¡Fatal!
¿Qué opinas?

setenta y tres 73

¡MODULE 4!

Jóvenes en acción

1 Mira el anuncio. Identifica los tres dibujos correctos.

Para los niños, es importante dedicar ocho horas a…

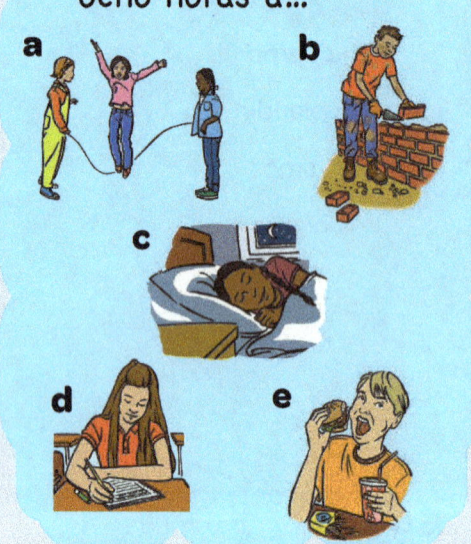

a b c d e

Lo que debemos saber sobre TRABAJO INFANTIL

8 horas para estudiar
8 horas para jugar
8 horas para dormir

24 horas para ser FELIZ

> The number of child workers in the world has reduced by a third since 2000, from 246 to 168 million. Today in Latin America and the Caribbean there are still 13 million children who work — that's 8.8% of working children worldwide.

2 ¿Cuántos kilos de botellas de plástico recicladas contiene un coche Ford?

> Some words are different in Latin American Spanish and Castilian Spanish, which is the standard Spanish spoken in Spain:
>
> car { **coche** (Castilian)
>   **auto** (Latin American)

04.05.2012 | 15:29   Por: **Subiuncambio**

Autos Ford con botellas recicladas

Los autos que la compañía produce en Sudamérica incorporan entre 5 y 7 kilos de botellas plásticas recicladas en alfombras y recubrimientos de techo, entre otras partes.

74   setenta y cuatro

Jóvenes en acción – 4

3 ¿En cuántos años se descompone una bolsa de plástico?

Las bolsas de plástico tardan al menos unos 400 años en descomponerse. La mejor solución es reducir su uso a lo estrictamente necesario.

a trescientos años
b doscientos años
c cuatrocientos años

Alternativa 1: Bolsa reutilizable
Alternativa 2: Bolsa de papel
Alternativa 3: Bolsa de bioplástico

Raquel Carvajal Amador, Imagen de Veracruz

4 ¿Puedes explicar este póster?

Reciclar es crear

5 Se puede reciclar muchos objetos diferentes. Empareja el objeto original con la foto correcta.

objeto original

1. un neumático
2. una botella de plástico
3. una raqueta de tenis

objeto nuevo

a
b
c

setenta y cinco 75

¡1! Niños del mundo

○ Talking about children's lives
○ Using the 'he/she/it' form of verbs

1 Escucha y lee. ¿Quién es? Empareja las frases con las fotos y los dibujos.

Ejemplo: **1** b

1 David vive en California. Es norteamericano pero su madre es argentina.

2 Lorenzo es español. Vive con sus padres en un piso en Salamanca.

3 Se llama Emma y vive en Birmingham. Es inglesa pero su padre es peruano.

4 Se llama Sara. Es colombiana y vive en la ciudad de Bogotá.

5 Amba es pakistaní. Vive en un pueblo pequeño y tranquilo.

Adjectives of nationality start with a small letter in Spanish. Most change their ending to agree with the person or noun they describe, including those ending in **-s** or another consonant.

ending in:	masculine singular	feminine singular
-o	colombian**o** norteamerican**o** argentin**o** peruan**o**	colombian**a** norteamerican**a** argentin**a** peruan**a**
-és	ingl**és**	ingl**esa**
other consonants	español	español**a**
-e / -ú / -í	pakistaní	pakistaní

2 Escribe las frases en español.

Ejemplo: Carmen es española y vive en Barcelona.

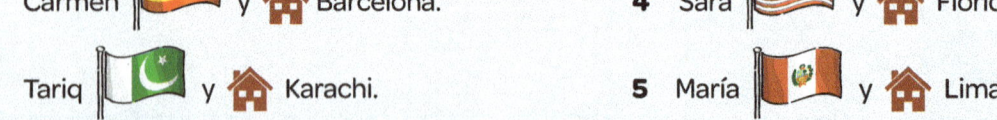

1 Carmen 🇪🇸 y 🏠 Barcelona.
2 Tariq 🇵🇰 y 🏠 Karachi.
3 Isaac 🇦🇷 y 🏠 Santa Cruz.
4 Sara 🇺🇸 y 🏠 Florida.
5 María 🇵🇪 y 🏠 Lima.
6 Hugo 🇬🇧 , pero 🏠 Madrid.

3 Con tu compañero/a, describe una persona del ejercicio 2. ¿Quién es?

● Es argentino y vive en Santa Cruz. ¿Quién es?
■ Es Isaac.

setenta y seis

Jóvenes en acción – 4.1

4 Lee el texto. Elige la respuesta correcta.

Soy Fernando y soy de Arequipa, Perú. Soy peruano. Vivo con mi familia en el centro de la ciudad. Por la mañana desayuno y organizo mis cosas para el insti. Luego voy al insti en bici, donde estudio todo el día. Más tarde ayudo a mi mamá en la cocina. Preparo la cena y lavo los platos. Y tú, ¿cómo es tu vida?

1. ¿De dónde es Fernando?
   Es de *Paraguay / Polonia / Perú*.
2. ¿Cuál es su nacionalidad?
   Es *polaco / peruano / paraguayo*.
3. ¿Con quién vive?
   Vive con *sus tíos / sus abuelos / su familia*.
4. ¿Qué hace por la mañana?
   Come y bebe. / Limpia la casa. / Sale con el perro.
5. ¿Qué hace durante el día?
   Trabaja en casa. / Tiene clases. / Hace ciclismo.
6. ¿Cómo ayuda en casa?
   Cocina. / Lee libros. / Hace los deberes.

Gramática

Use the third person singular verb endings to talk about someone or something else (he/she/it). Present tense verbs work like this in the third person:

verbs	infinitive	1st person singular (I)	3rd person singular (he/she/it)
regular -ar	trabajar	trabajo	trabaj**a** (works)
regular -er	comer	como	com**e** (eats)
regular -ir	vivir	vivo	viv**e** (lives)
irregular	hacer	hago	hace (does)
	ir	voy	va (goes)
	ser	soy	es (is)
	tener	tengo	tiene (has)

>> p90

5 Escucha. Copia y completa la tabla en inglés. (1–2)

	name	from…	nationality	lives with…	in the morning…	in the evening…
1	Santino					
2	Carolina					

6 Con tu compañero/a, habla de un niño del ejercicio 5. Haz un diálogo con las preguntas del ejercicio 4.

● ¿De dónde es <u>Santino</u>?
■ Es de <u>Argentina</u>.

● ¿Cuál es su nacionalidad?
■ Es <u>argentino</u>.

7 Traduce las frases al español.

1. Fernando is Peruvian.
2. He lives in Arequipa, in the centre of the city.
3. In the morning he has breakfast.
4. Then he goes to school by bike.
5. He helps his mum in the kitchen.
6. He prepares dinner and washes the dishes.

Remember to use **su/sus** for 'his/her'.

Singular:
Ayuda a su padre.   He/She helps his/her father.

Plural:
Vive con sus padres.   He/She lives with his/her parents.

setenta y siete 77

¡2! Mis derechos

- Talking about children's rights
- Using the verb **poder**

1 Escucha y escribe la letra correcta. (1–6)

Ejemplo: **1** c

tengo derecho a — *I have the right to*

a Tengo derecho al amor y a la familia.
b Tengo derecho al juego.
c Tengo derecho a la educación.
d Tengo derecho a la protección.
e Tengo derecho a la libertad de expresión.
f Tengo derecho a un medio ambiente sano.

Zona Cultura

The United Nations Convention on the Rights of the Child is an important document. It outlines every child's rights. Around the world, however, some children are deprived of these rights.

2 Con tu compañero/a, empareja las mitades de las frases. Luego lee las frases completas en voz alta.

Ejemplo: **1** d

salir a la calle — *to go out in the street*

1 Mee-Yon: Tengo derecho a la libertad de expresión…
2 Matías: Tengo derecho al juego…
3 Bea: Tengo derecho a la educación…
4 Jacob: Tengo derecho a la protección…
5 Félix: Tengo derecho a un medio ambiente sano…
6 Valentina: Tengo derecho al amor…

a … pero no **puedo** jugar con mis amigos.
b … pero no **puedo** respirar.
c … pero no **puedo** salir a la calle.
d … pero no **puedo** dar mi opinión.
e … pero no **puedo** vivir con mi familia.
f … pero no **puedo** ir al instituto.

3 Escucha y comprueba tus respuestas.

Gramática

Poder (to be able to / can) is a stem-changing verb. It is usually followed by an infinitive.

puedo	I can	podemos	we can
puedes	you can	podéis	you can
puede	he/she can	pueden	they can

Puedo jugar con mis amigos. I can play with my friends.
No podemos respirar. We can't breathe.

>> p90

78 setenta y ocho

Jóvenes en acción – 4.2

4 Traduce las frases al español.

1. I can't give my opinion.
2. They can't drink clean water.
3. Can you sleep?
4. We can't go out in the street.
5. He can't go to school.
6. Can you (plural) breathe?

5 Lee el artículo. ¿Verdadero o falso? Escribe V o F.

| mi país | my country |
| las mujeres | women |

¿Privados de derechos?

Me llamo Iker. Tengo trece años y soy español. Está bien vivir en España porque tenemos muchas posibilidades. Podemos ir al insti, por ejemplo. También podemos dar nuestra opinión.

Me llamo Liliana y soy mexicana. Vivo en Ciudad de México y no puedo respirar porque el aire está contaminado. Tengo un amigo, Alonso, que no puede ir al insti porque tiene que trabajar y ganar dinero. ¡Es inaceptable!

Me llamo Diba y soy iraquí. Vivo en Basra. En mi país a veces hay violencia contra las mujeres y no podemos salir solas. En casa no puedo expresar mis ideas porque soy una chica y mi padre es muy estricto. ¡No es justo!

1. Iker no puede expresar su opinión.
2. En España los niños no pueden ir al colegio.
3. En Ciudad de México hay mucha contaminación.
4. Alonso no tiene acceso a la educación.
5. En Iraq las niñas pueden salir solas.
6. Diba no tiene libertad de expresión en casa.

6 Con tu compañero/a, habla de los niños del ejercicio 2.

● Bueno, <u>Mee-Yon</u> tiene derecho <u>a la libertad de expresión</u>.
■ Sí, pero no puede <u>dar su opinión</u>. ¡No es justo!

> Think about which elements of the sentences from exercise 2 you need to change when talking about someone else.
>
> mi opinión / mis amigos (my...) →
> su opinión / sus amigos (his/her...)
> tengo derecho (I have the right) →
> tiene derecho (he/she has the right)
> no puedo (I can't) → no puede (he/she can't)

7 Escucha y elige la opción correcta.

Ejemplo: 1 Andrea *puede* salir con sus amigos.

1. Andrea *puede / no puede* salir con sus amigos.
2. Fátima *no tiene derecho a la educación / puede ir al insti*.
3. Gael *tiene derecho a un medio ambiente sano / puede respirar*.
4. Dan *puede / no puede* dar su opinión.
5. Ana *puede vivir con su familia / tiene derecho al amor y a la familia*.

8 Imagina que eres José, un chico colombiano. Escribe un artículo sobre tu vida.

Include the following information:
- José – Colombia – live in Bogotá (Me llamo... Soy... Vivo...)
- can express opinion (Puedo...)
- can go out in the street, not much violence (También puedo... porque...)
- have right to play with friends (Tengo derecho a...)
- have to work and earn money (Tengo que...).

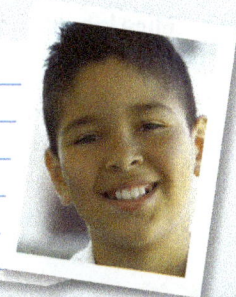

¿Cómo vas al insti?

- Talking about journeys to school
- Using the comparative

1
Escucha y lee. Empareja los medios de transporte con las razones correctas. (1–6)

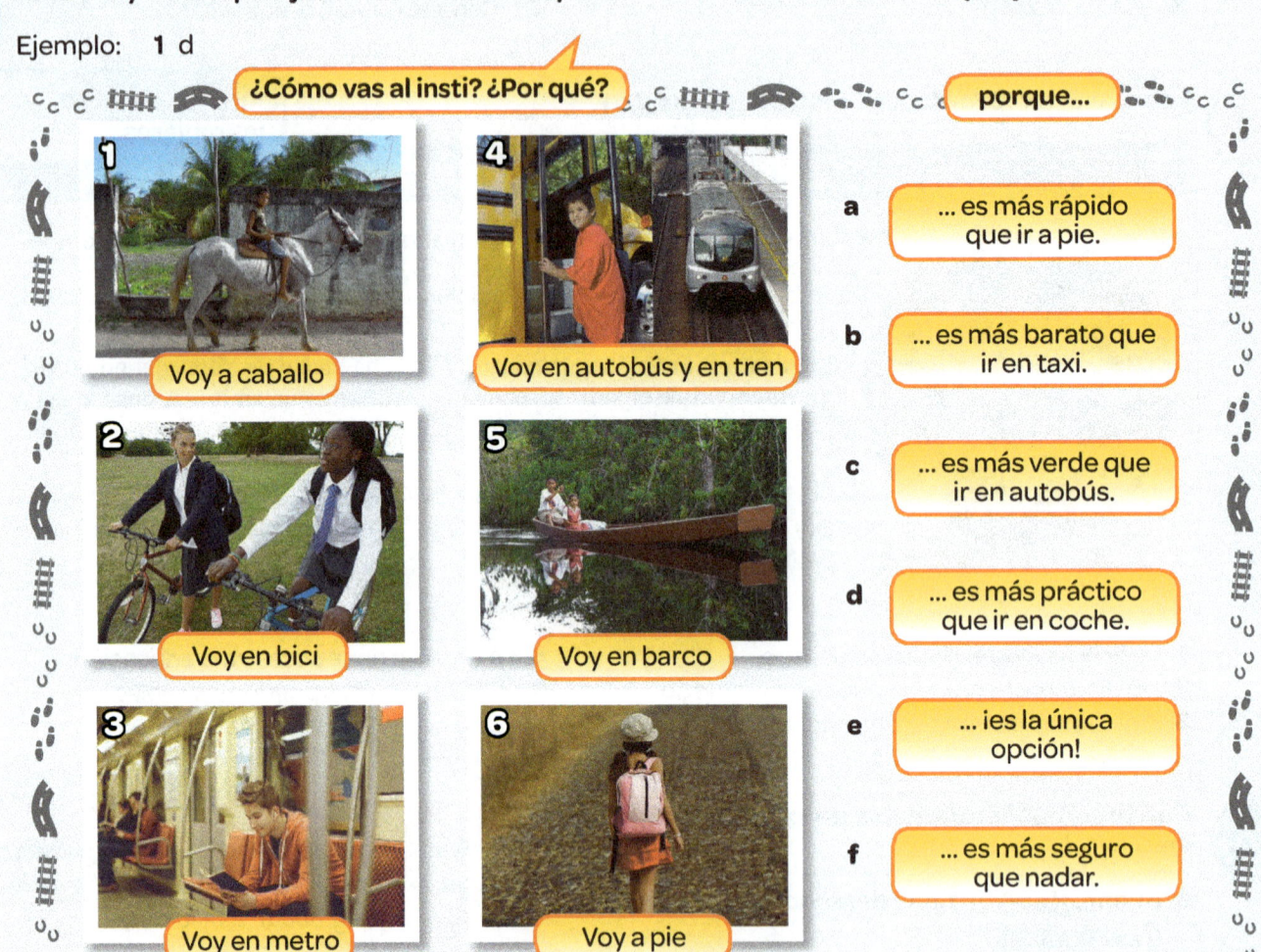

Ejemplo: 1 d

¿Cómo vas al insti? ¿Por qué? porque...

1. Voy a caballo
2. Voy en bici
3. Voy en metro
4. Voy en autobús y en tren
5. Voy en barco
6. Voy a pie

a ... es más rápido que ir a pie.
b ... es más barato que ir en taxi.
c ... es más verde que ir en autobús.
d ... es más práctico que ir en coche.
e ... ¡es la única opción!
f ... es más seguro que nadar.

2
Lee las frases y tus respuestas del ejercicio 1 otra vez. ¿Qué medio de transporte es? Contesta en inglés.

1 It's greener.
2 It's the only option.
3 It's cheaper.
4 It's faster.
5 It's more practical.
6 It's safer.

Gramática

To compare two things, use the comparative:
más + adjective + **que**... more... than...

Es **más** rápido ir en coche **que** ir a pie.
It's quicker to go by car than to walk.

Ir en bici es **más** barato **que** ir en autobús.
Going by bike is cheaper than going by bus.

>> p91

3
Mira los dibujos. Con tu compañero, haz diálogos.

● ¿Cómo vas al insti?
■ Voy <u>en bici</u>.
● ¿Por qué?
■ Porque es más <u>verde</u> que ir <u>en coche</u>.

1
2
3
4
5 ¿Y tú?

80 ochenta

Jóvenes en acción – 4.3

4 Lee los textos y contesta a las preguntas.

Hola, soy Manuela. Tengo doce años y vivo en las Filipinas. Me levanto muy temprano, a las cuatro. Primero, tengo que vender cosas en el mercado para mi padre. Luego voy al insti. Voy sola y a pie. El viaje es de dos horas. El autobús es más rápido pero no es barato. Para mí, los estudios son muy importantes, porque me gustaría ir a la universidad. En el futuro voy a ser médico.

Me llamo Xavi. Soy mexicano. No puedo ir a un instituto porque vivo en una zona rural y no hay transporte. Por eso, voy a un centro de Telesecundaria en mi pueblo. Me levanto a las ocho porque el centro está a diez minutos en bici. Aprendo por programas de televisión y tenemos un 'profe virtual' en línea. Está bien, pero no me gusta mucho estudiar. En el futuro voy a trabajar con mi padre.

vender to sell
el viaje the journey

Who...
1 walks to school?
2 gets up later?
3 has the longer journey to school?
4 thinks studying is very important?
5 is not going to go to university?
6 is going to study medicine?

Zona Cultura

More than a million students in remote areas of Mexico study via **Telesecundaria**, a distance-learning network system organised by the government. Students learn remotely with the help of TV programmes and an online teacher.

5 Escucha. Copia y completa la tabla en español. (1–2)

	nombre	transporte ahora	porque...	transporte futuro	porque...
1	Alisha	a pie			
2	Juan				

6 Con tu compañero/a, describe cómo van al insti Alisha y Juan y qué van a hacer en el futuro.

● Se llama... Ahora va... porque... En el futuro va a ir... porque...

Use the near future tense to describe how someone is going to travel.

Voy a ir en tren. I am going to go by train.
Va a ir en coche. He/She is going to go by car.

7 Traduce el texto al español. Utiliza los textos del ejercicio 4 como modelo.

My name is Rafael. I am Bolivian and I live in La Paz with my parents. I go to school by bike because it is more practical than walking. In the future I am going to go to university. I am going to go by bus because it is the only option.

ochenta y uno 81

¡Un mundo mejor!

○ Talking about environmental issues
○ Using the 'we' form of verbs

1. Escucha y lee el rap. Pon los dibujos en el orden del texto.

Estribillo
¡Reduce! ¡Reutiliza! ¡Recicla!
¡Reduce! ¡Reutiliza! ¡Recicla!
¡Planeta te quiero verde, te quiero verde!
¡Planeta te quiero verde, te quiero verde!

Pero **vamos** siempre en coche,
no **vamos** en bici, no **vamos** a pie.
Y no **reciclamos** papel ni vidrio,
no **reciclamos** botellas de plástico.

(*Estribillo*)

Nunca **usamos** la ducha en casa,
preferimos un baño y **malgastamos** agua.
No **conservamos** energía, ¡es la verdad!
No **apagamos** la luz, no **conservamos** electricidad.

(*Estribillo*)

2. ¡Canta el rap!

3. Busca las frases en español en el rap.

1. We don't go by bike.
2. We don't recycle paper or glass.
3. We never use the shower.
4. We waste water.
5. We don't save energy.
6. We don't switch off the light.

Gramática

In the present tense, these are the verb endings you use to talk about what **we** do.

verbs	infinitive	1st person plural (we)
regular -ar	reciclar	recicl**amos** (we recycle)
regular -er	vender	vend**emos** (we sell)
regular -ir	reducir	reduc**imos** (we reduce)
irregular	hacer	**hacemos** (we do)
	ir	**vamos** (we go)
	ser	**somos** (we are)
	tener	**tenemos** (we have)

>> p91

4. Con tu compañero/a, juega. Haz una raya vertical, horizontal o diagonal.

● Apagamos la luz.
■ ...

82 ochenta y dos

Jóvenes en acción – 4.4

5 Escucha y lee el texto. Copia y completa la tabla en inglés. Utiliza un diccionario, si es necesario.

what they already do now	what they plan to do
go to school by bike / on foot	…

¡Ya somos un instituto verde!

Ya...
- Vamos al insti en bicicleta o a pie.
- Reciclamos las botellas de plástico en el insti.
- Tenemos un jardín en el insti donde plantamos árboles y flores.
- Reducimos el consumo eléctrico (por ejemplo, apagamos las luces).

El plan para hacer un mundo mejor...

Proyectos futuros:
- Vamos a recaudar fondos para nuestro instituto hermanado en Bolivia.
- Vamos a organizar un evento (por ejemplo, un concierto o una rifa).
- También vamos a vender pasteles.
- Vamos a escribir cartas para Amnistía Internacional.

ya	already
recaudar fondos	to raise funds
hermanado	twinned / partner

SKILLS — Using what you know

Remember to use the context and language you know to work out the meaning of unfamiliar words. What do you think **plantamos árboles y flores** could mean?

6 Escucha. ¿Presente (ya) o futuro? Copia y completa la tabla con las letras correctas.

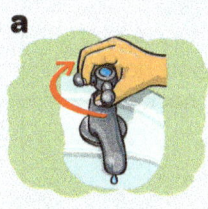

ya	en el futuro
e, …	

a b c d e f

SKILLS — Creating interesting sentences

Use **para** (in order to) + infinitive to create longer and more interesting sentences.

Para ser un instituto verde...
In order to be a green school...

Para hacer un mundo mejor...
In order to create a better world...

7 Prepara una presentación sobre tu insti.

Write about:
- what you already do in your school to help the environment (**Ya conservamos agua, …**)
- what you plan to do in the future (**Para hacer un mundo mejor, vamos a organizar un evento, …**).

8 Practica y haz tu presentación.

ochenta y tres 83

¡5! Recaudamos dinero

- Writing about raising money for charity
- Looking up verbs in a dictionary

Noun or verb?

Many words in English can be both a noun and a verb (e.g. 'train'). When you use a dictionary, make sure you choose the right word in Spanish.

Remember:
- nouns are labelled **nm** or **nf**
- verbs are labelled **vb, vt** or **vi**.

train *n*
(railway)
tren *nm*

The train leaves at 5 o'clock.
El tren sale a las cinco.

train *vi*
(to practise, to exercise)
entrenar *vi*

The team trains every day.
El equipo entrena todos los días.

Si tienes cuatro diccionarios en una mano y tres diccionarios en la otra mano, ¿qué tienes?

¿¿Qué?!

¡Manos enormes!

1
Copia y completa las frases con el verbo o el sustantivo correcto. Busca en un diccionario si es necesario.
Copy and complete the sentences with the correct verb or noun. Look in a dictionary if necessary.

Ejemplo: **1 a** Es una <u>película</u> de ciencia ficción.

1 a Es una —— de ciencia ficción. *(film)*
b Voy a —— una entrevista con Taylor Swift. *(film)*

2 a Se debe —— agua frecuentemente. *(drink)*
b La limonada es mi —— favorita. *(drink)*

3 a Hago mis deberes en el ——. *(study)*
b Tengo que —— mucho en el insti. *(study)*

4 a Voy a —— a Iván mañana. *(phone)*
b ¿Puedo usar tu ——? *(phone)*

Verbs with multiple meanings

Some English verbs have more than one translation in Spanish. Check you have the right verb by looking at examples given in the dictionary and by checking verb meanings in the Spanish-to-English section.

play *vt*
(to take part in a sport or game)
jugar a *vi + prep*

Do you like to play tennis?
¿Te gusta jugar al tenis?

play *vt*
(to perform on a musical instrument)
tocar *vt*

He plays the piano and the guitar.
Toca el piano y la guitarra.

2
Usa un diccionario para elegir el verbo correcto y escribe la frase.

1 Vamos a *tocar / jugar* al rugby. (We are going to play rugby.)
2 Es importante *luchar / pelear* contra el cáncer. (It's important to fight against cancer.)
3 Se debe *levantar / recaudar* fondos para Amnistía Internacional.
(You should raise funds for Amnesty International.)
4 Voy a *funcionar / trabajar* nueve horas al día. (I am going to work nine hours a day.)

ochenta y cuatro

Jóvenes en acción – 4.5

3 Traduce las frases al español. Busca los infinitivos en un diccionario si es necesario.

1. I have to create a poster.
2. We can reuse paper, plastic and glass.
3. It is important to donate money to Plan International.
4. We are going to wash cars.
5. I am going to participate in an event.
6. We can sponsor a child.

> **SKILLS**
>
> **Looking up verbs**
> Verbs are listed in a dictionary in the **infinitive** form, which means you cannot find 'we are doing', or 'we did': you have to look them up under 'to do'. Sometimes you can use the infinitive in your speaking or writing. Use the infinitive after:
> - **tengo que...** (I have to...)
> - **podemos...** (we can...)
> - **vamos a...** (we are going to...)
> - **es importante...** (it is important to...).

4 Escribe las frases en español. Utiliza la forma correcta de cada verbo.

1. We do a lot to help children.
   (Hacer) mucho para ayudar a los niños.
2. Last year we devoted lots of time to charity events.
   El año pasado *(dedicar)* mucho tiempo a eventos solidarios.
3. In June I participated in a sponsored bike ride.
   En junio *(participar)* en un paseo en bici apadrinado.
4. Every year we organise a dance show.
   Todos los años *(organizar)* un espectáculo de baile.
5. We support our partner school.
   (Apoyar) a nuestro instituto hermanado.

> **SKILLS**
>
> **Using the right verb form**
> You often need to change the infinitive you find in a dictionary in order to use the verb in your writing or speaking. Ask yourself:
> - Which tense do you need? Past, present or future?
> - Which person of the verb do you need (I, he/she, we, etc.)?
>
> For help with forming your verb, check the grammar features in ¡Viva! and use the verb tables on pages 130–131.

> Remember, the 'we' form of regular **-ar** verbs is the same in the present tense and the preterite.
> E.g. **organizamos** means 'we organise' and 'we organised'.
> Pay close attention to the time phrases and the context to work out meaning.
>
> Irregular verbs have different present tense and preterite forms:
> **tenemos** (we have) → **tuvimos** (we had)   **hacemos** (we do) → **hicimos** (we did)
> **somos** (we are) → **fuimos** (we were)   **vamos** (we go) → **fuimos** (we went)

5 Completa el texto con los verbos correctos en español.

> Todos los años en mi insti **1** *(we do)* muchos proyectos para **2** *(to raise)* fondos. Por ejemplo, el año pasado **3** *(we did)* una venta de pasteles. **4** *(We designed)* muchos pósteres para hacer publicidad. ¡Lo pasamos bomba! El marzo pasado **5** *(we took part)* en una carrera de 5 kilómetros. ¡Para mí fue muy difícil porque no me gusta el footing! ¿Lo más importante? **6** *(We raised)* muchos fondos.

6 Describe los proyectos solidarios en tu instituto.

Write about:
- what you do every year to raise money **(Todos los años...)**
- who you raise funds for **(para apoyar...)**
- what you did last year for charity **(El año pasado...)**
- the amount of money you raised **(Recaudamos...)**
- how it went **(¡Lo pasamos...!)**.

ochenta y cinco

¡ZONA LECTURA! Solidarios

- Reading about world issues
- Using questions and general knowledge to work out meaning

1 Escucha y lee el poema. Copia y completa la versión en inglés.

Niños de Somalia

Yo como
Tú comes
Él come
Nosotros comemos
Vosotros coméis
¡Ellos no!

Gloria Fuertes

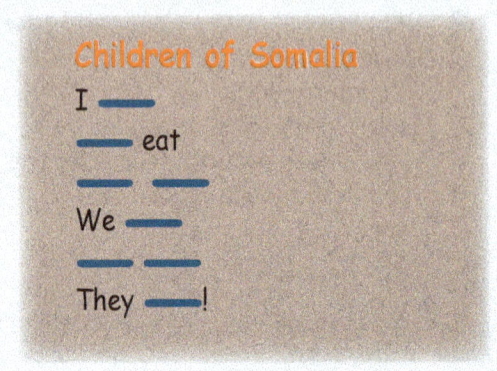

Children of Somalia

I ___
___ eat
___ ___
We ___ ___
___ ___
They ___!

2 Lee el poema otra vez. Contesta a las preguntas en inglés.

1. Which form of the verb **comer** is <u>not</u> used in the poem and why?
2. What is the poet's message? Explain why you think this.
3. What is your opinion of this poem? Give your reasons.

3 Escribe un poema utilizando *Niños de Somalia* como modelo. Elige uno de los títulos y utiliza el verbo indicado.

Write a poem using Niños de Somalia *as a model. Choose one of the titles and use the verb given.*

Ejemplo:

Yo estudio
Tú estudias
…

Niñas de Afganistán — estudiar

Niños de Haití — beber

> The verb **beber** works in the same way as **comer** in exercise 1, but **estudiar** is an **-ar** verb and has different endings. Look at page 22 to remind you.

4 Lee el artículo. ¿De qué trata? Contesta a las preguntas.

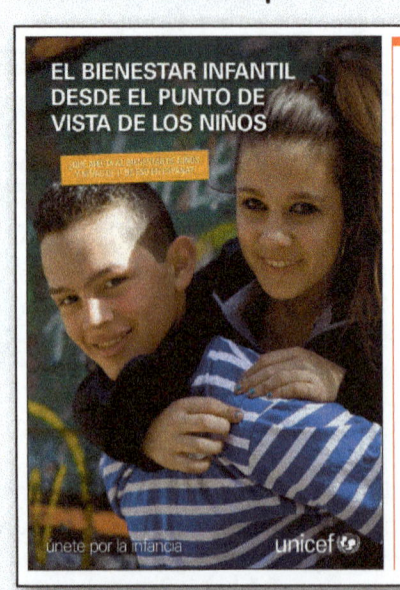

EL BIENESTAR INFANTIL DESDE EL PUNTO DE VISTA DE LOS NIÑOS

¿Qué opinan los niños y las niñas de sus vidas? ¿Qué es lo más importante para ellos? En este documento los niños de España dan su opinión sobre la vida.

UNICEF Comité Español analiza las opiniones de los niños y niñas. Aplica un derecho fundamental de la Convención sobre los Derechos del Niño: el derecho a la libertad de expresión.

1. This document contains the opinions of…
   a. parents
   b. young people
   c. experts
2. They discuss what is…
   a. most difficult
   b. most interesting
   c. most important
3. UNICEF Spanish Committee…
   a. analyses their views
   b. rejects their opinions
   c. promotes their understanding
4. The study upholds children's right to…
   a. safety
   b. an education
   c. have their say

86 ochenta y seis

Jóvenes en acción – 4

5 Lee el texto. Pon los dibujos en el orden del texto.

Ejemplo: c, …

SKILLS — Tackling longer texts
Use questions and picture prompts to help you tackle longer texts. For example, in exercise 5 take each image in turn and scan the text for the language that matches it.

Vivo aquí en el campamento de Auserd. El agua es muy importante aquí en el desierto. Tenemos que ayudar a recoger el agua porque una familia necesita mucha agua todos los días: primero, para beber; segundo, para lavarse; y tercero para los servicios. También sirve para lavar la ropa y para cocinar. No vivimos en casas, sino en tiendas que se llaman 'jaimas'. En el verano las temperaturas llegan hasta los 40 grados. Hay una piscina en el campamento, pero no podemos nadar cada día, solo de vez en cuando.

recoger — to collect
los servicios — toilets

a b c d
e f g h

6 Mira el póster. Empareja los dibujos con las acciones. Utiliza el minidiccionario, si es necesario.

¿Cómo podemos conservar agua?

5 acciones para conservar agua

1, 2, 3, 4, 5

SKILLS — Understanding unfamiliar words
It is important to use your general knowledge to help you work out what unfamiliar words in a text mean. What do you already know about ways to save water?

a regar las plantas con agua de lluvia
b no jugar con agua
c reducir el tiempo que pasas en la ducha
d cerrar el grifo cuando te lavas los dientes
e reducir el número de descargas de WC

7 Traduce las <u>cinco</u> acciones al inglés.

ochenta y siete 87

¡RESUMEN! I can...

¡1!
- say where someone is from and his/her nationality — Es de Colombia. Es colombiano/a.
- talk about other people's lives — Por la mañana estudia. Por la tarde trabaja con su padre.
- make adjectives of nationality agree — Juan es boliviano. Lidia es peruana.
- use the 'he/she/it' form of verbs — Vive con su familia. Ayuda a su madre.

¡2!
- say what rights I have as a child — Tengo derecho al juego.
- say what I can and cannot do — Puedo jugar con mis amigos. No puedo respirar.
- discuss children's lack of rights — No es justo porque no puede dar su opinión.
- use the verb **poder** with an infinitive — No podemos dormir. Pueden ir al insti.

¡3!
- say how I and others get to school — Voy al insti en autobús. Va en barco.
- give reasons for using different modes of transport — Voy a pie porque es más verde.
- say how I and others will travel in the future — En el futuro voy a ir en bici. Va a ir en tren.
- use the comparative — Ir en coche es más rápido que ir a pie.

¡4!
- say what we do / don't do for the environment — Reciclamos papel y plástico. No apagamos la luz.
- say what we are going to do for charity — Vamos a organizar un evento.
- use the 'we' form of verbs — Somos un instituto verde. Conservamos energía.
- s use **para** to create longer sentences — Para hacer un mundo mejor, vamos a conservar electricidad.

¡5!
- s use a dictionary when writing
- s choose the correct Spanish verb in a dictionary by checking in the Spanish-to-English section to decide which translation is correct
- s use the correct verb form by checking the grammar features and the verb tables
- s write about raising money for charity

¡ZL!
- s use reading strategies to understand authentic texts about world issues
- s use questions and picture prompts to help decode meaning
- s work out the meaning of unfamiliar language by using general knowledge

ochenta y ocho

¡PREPÁRATE!

Jóvenes en acción – 4

1 Escucha. Copia y completa la tabla en inglés. (1–4)

1 Emiliano 2 Nuria 3 Ariana 4 Jorge

	name	right	cannot…	reason
1	Emiliano	to play		

2 Con tu compañero/a, haz <u>dos</u> presentaciones. Elige dos dibujos de la columna 'Ahora' y dos de la columna 'En el futuro'.

With your partner, do <u>two</u> presentations. Choose two 'now' column pictures and two 'in the future' column pictures.

Ahora

En el futuro

● Ahora vamos al insti en coche o en… No reciclamos…
■ En el futuro vamos a ir en…

3 Lee los textos. Contesta a las preguntas.

Me llamo Felipe y soy mexicano. Vivo en Xalapa y tengo dieciséis años. Vivo con mi familia. No voy al insti porque trabajo con mi padre. Trabajo siete horas al día, cinco días a la semana. En el futuro voy a vivir en la Ciudad de México.

Hola, soy Carmen. Tengo catorce años y soy de Bolivia. Tengo derecho a la educación, pero no puedo ir al insti porque tengo que ganar dinero para mi familia. Voy en bici al trabajo. Los fines de semana puedo salir con mis amigas.

Me llamo Óscar. Soy norteamericano pero vivo en Madrid con mis padres. Tengo trece años. Voy al insti cada día. Por la tarde puedo jugar con mis amigos. En el futuro voy a ser médico porque me gustaría ayudar a los niños enfermos.

Who…
1 is North American?
2 has to earn money for his/her family?
3 wants to help children in the future?
4 works seven hours a day?
5 can go out with friends at the weekend?
6 is going to live in a city in the future?

4 Escribe un párrafo sobre una persona de otro país. Utiliza los datos de los textos del ejercicio 3 como modelo o inventa tus propias ideas.

Write about:
○ where the person is from and his/her nationality **(Se llama… Es de… Es…)**
○ what the person does during the day **(Por la mañana… Por la tarde…)**
○ what rights he/she has **(Tiene derecho a…)**
○ what he/she can and cannot do **(Puede… No puede…)**.

To reach a higher level:
• include opinions and points of view **(¡No es justo!)**
• link your sentences **(pero, y, también, por eso)**
• say what the person is going to do in the future **(Va a…)**.

ochenta y nueve 89

¡GRAMÁTICA!

The third person singular (he/she/it)

In the present tense, these are the verb endings you use to talk about someone else.

	infinitive	3rd person singular (he/she/it)
regular **-ar** verbs	trabaj**ar** (to work)	trabaj**a** (works)
regular **-er** verbs	com**er** (to eat)	com**e** (eats)
regular **-ir** verbs	viv**ir** (to live)	viv**e** (lives)
irregular verbs	hacer (to do)	hace (does)
	ir (to go)	va (goes)
	ser (to be)	es (is)
	tener (to have)	tiene (has)

1 Change the present tense verbs in the first person (I) into the third person singular (he/she/it).

Example: **1** <u>Es</u> boliviana y…
1 **Soy** boliviana y **tengo** doce años.
2 **Vivo** en Londres, pero **hablo** español en casa.
3 **Escribo** canciones y **toco** la guitarra.
4 **Como** pollo y **bebo** agua frecuentemente.
5 **Voy** a la piscina, donde **hago** natación.
6 No **voy** al instituto porque **ayudo** a mi madre en casa.

> Remember to change 'my' to 'his/her' in number 6:
> mi → su.

2 Copy and complete the text with the correct forms of the verbs in brackets in the present tense.

Example: José <u>tiene</u> once años…

José *(tener)* once años y *(ser)* colombiano. No *(poder)* ir al insti. *(Trabajar)* con su familia todos los días y *(ganar)* dinero. *(Ir)* al trabajo en coche con su padre. *(Reparar)* coches siete horas al día, cinco días a la semana. También *(ayudar)* a su mamá en casa.

3 Translate the text from exercise 2 into English.

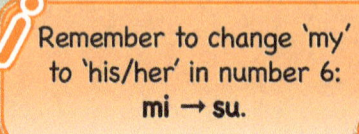

Poder

Poder (to be able to / can) is a stem-changing verb which is usually followed by an infinitive.

p**ue**do	I can	podemos	we can
p**ue**des	you can	podéis	you (plural) can
p**ue**de	he/she can	p**ue**den	they can

No p**ue**do estudiar.   I can't study.   P**ue**de jugar.   He/She can play.

4 Fill in the gaps with the correct form of **poder** for the word given in brackets. Then translate the sentences into English.

Example: **1** No <u>puede</u> salir sola. She can't go out alone.

1 No ⎯⎯ salir sola. *(she)*
2 ⎯⎯ ir al insti. *(we)*
3 No ⎯⎯ estudiar. *(they)*
4 No ⎯⎯ dar mi opinión. *(I)*
5 ¿⎯⎯ jugar con tus amigos? *(you singular)*
6 ⎯⎯ dormir. *(you plural)*

Jóvenes en acción – 4

The comparative

To compare two things, use the comparative:

más + adjective + **que**...   more... than...

You can sometimes use the comparative with an <u>infinitive</u>. In this case, the adjective does <u>not</u> agree with a noun.

Ir en bici es más barato que ir en autobús.   Going by bike is cheaper than going by bus.

5 How is it better to travel? Create <u>five</u> sentences comparing different modes of transport. Use the adjectives below.

Example: Ir a pie es más verde que ir en coche.

| verde | rápido | práctico | barato | seguro |

However, when you compare two <u>nouns</u>, the adjective must agree with the first noun mentioned.

Un elefante es más lent**o** que un leopardo.   An elephant is slower than a leopard.
Los coches son más rápid**os** que los caballos.   Cars are faster than horses.

Una bici es más práctic**a** que un barco.   A bike is more practical than a boat.
Las ciencias son más complicad**as** que los idiomas.   Sciences are more complicated than languages.

6 Choose the correct form of each adjective in these comparisons. Then translate the sentences into English.

1. Los estudios son más *importantes* / *importante* que el trabajo.
2. Una bici es más *verde* / *verdes* que un coche.
3. La vida es más *duro* / *dura* en India que en Inglaterra.
4. El uniforme es más *práctico* / *prácticos* que la ropa informal.
5. Los trenes son más *rápidas* / *rápidos* que los autobuses.

The first person plural (we)

In the present tense, these are the verb endings you use to talk about what 'we' do.

	infinitive	1st person plural (we)
regular **-ar** verbs	recicl**ar** (to recycle)	recicl**amos** (we recycle)
regular **-er** verbs	vend**er** (to sell)	vend**emos** (we sell)
regular **-ir** verbs	reduc**ir** (to reduce)	reduc**imos** (we reduce)
irregular verbs	hacer (to do)	hacemos (we do)
	ir (to go)	vamos (we go)
	ser (to be)	somos (we are)
	tener (to have)	tenemos (we have)

7 What do we do to help? Create <u>six</u> sentences, using a phrase from each box.

Example: En mi insti reciclamos papel.

| En mi insti / En casa / Ya / Todos los años / Siempre / A veces | no malgastamos / usamos / conservamos / reciclamos / organizamos / apagamos | los aparatos eléctricos. / energía. / papel. / agua. / un evento. / transporte público. |

noventa y uno   91

¡PALABRAS!

Las nacionalidades — Nationalities

¿Cuál es su nacionalidad?	What is his/her nationality?
Es…	He/She is…
argentino/a	Argentinian
boliviano/a	Bolivian
colombiano/a	Colombian
mexicano/a	Mexican
norteamericano/a	North American
peruano/a	Peruvian
inglés/inglesa	English
español(a)	Spanish
pakistaní	Pakistani

Sobre su vida — About his/her life

¿De dónde es?	Where is he/she from?
Es de…	He/She is from…
¿Dónde vive?	Where does he/she live?
Vive en…	He/She lives in…
¿Con quién vive?	Who does he/she live with?
Vive con sus padres.	He/She lives with his/her parents.
¿Qué hace por la mañana?	What does he/she do in the morning?
Desayuna.	He/She has breakfast.
Organiza sus cosas.	He/She organises his/her things.
Va al insti.	He/She goes to school.
¿Qué hace durante el día?	What does he/she do during the day?
Ayuda a su madre.	He/She helps his/her mother.
Estudia.	He/She studies.
Hace los deberes.	He/She does homework.
Prepara la cena.	He/She prepares dinner.

Mis derechos — My rights

Tengo derecho…	I have the right…
al amor y a la familia	to love and to family
al juego	to play
a la educación	to an education
a la libertad de expresión	to freedom of expression
a la protección	to protection
a un medio ambiente sano	to a healthy environment
No puedo…	I cannot…
dar mi opinión	give my opinion
ir al insti(tuto)	go to school
jugar con mis amigos	play with my friends
respirar	breathe
salir a la calle	go out in the street
vivir con mi familia	live with my family
porque…	because…
soy chico/a	I am a boy/girl
mi padre es muy estricto	my father is very strict
tengo que ganar dinero	I have to earn money
tengo que trabajar	I have to work
el aire está contaminado	the air is polluted
en mi país a veces hay violencia	in my country sometimes there is violence
¡No es justo!	It isn't fair!
Es inaceptable.	It is unacceptable.

¿Cómo vas al insti? — How do you get to school?

Voy a caballo.	I go on a horse.
Voy a pie.	I go on foot. / I walk.
Voy en autobús.	I go by bus.
Voy en barco.	I go by boat.
Voy en bici.	I go by bike.
Voy en coche.	I go by car.
Voy en metro.	I go by underground.
Voy en tren.	I go by train.
¿Por qué?	Why?
Porque es…	Because it is…
más rápido que ir a pie	quicker than walking
más verde que ir en autobús	greener than going by bus
más barato que ir en taxi	cheaper than going by taxi
más práctico que ir en coche	more practical than going by car
más seguro que nadar	safer than swimming
la única opción	the only option

Jóvenes en acción – 4

Un mundo mejor — A better world

Para ser un instituto verde…	In order to be a green school…
apagamos la luz	we switch off the light
conservamos electricidad	we save electricity
no malgastamos agua	we don't waste water
plantamos árboles y flores	we plant trees and flowers
reciclamos botellas de plástico	we recycle plastic bottles
reciclamos papel y vidrio	we recycle paper and glass
reducimos el consumo eléctrico	we reduce our consumption of electricity
tenemos un jardín	we have a garden
vamos en bici	we go by bike
Para hacer un mundo mejor…	In order to create a better world…
vamos a escribir cartas para Amnistía Internacional	we are going to write letters for Amnesty International
vamos a organizar un evento	we are going to organise an event
vamos a recaudar fondos	we are going to raise funds
vamos a vender pasteles	we are going to sell cakes

Palabras muy frecuentes — High-frequency words

mi/mis	my
su/sus	his/her
más… (que)	more… (than)
para	in order to / for
para mí	for me
por ejemplo	for example
por eso	so / therefore
muy	very
hay	there is / there are
ahora	now
ya	already
en el futuro	in the future
el año pasado	last year

Estrategia 4
Traffic lights

When learning vocabulary, it is important to have a clear idea about what you know already. Apply 'traffic light' coding to the list of vocabulary from this module.

- I do not know what this word means or how to spell it.
- I know what this word means but I can't spell it or use it in a sentence. 
- I know this word. I can spell it and use it in a sentence. 

For the words in your 'red' list, do some independent learning. Combining seeing, listening and doing strategies makes memorising more effective. Try one or more of these strategies:

- Use your visual memory: close your eyes and try to picture the word in your head.
- Use your auditory ('hearing') memory: say the word out loud.
- Use your kinaesthetic ('doing') memory: write the word from memory.

noventa y tres

¡PROYECTO! Las historias que contamos

- Understanding a Peruvian folk tale
- Writing a story for young children

1 Escucha y lee.

Ayaymama

Zona Cultura

South America has a very rich history of folklore and mythology. Animals often play a big part in these folk tales. Does the Peruvian story of *Ayaymama* make you think of any stories from your culture?

> Me llamo José. Vivo con mis dos hijos y con su madrastra. Su madre murió.

> Me llamo Carolina. Soy la madrastra. Mis hijastros son muy difíciles. Tienen que irse.

> José, tienes que abandonar a tus hijos. No puedo vivir con ellos.

> ¡Ay, ay, ay! No quiero, pero tengo que escuchar a Carolina.

> Vamos, niños, vamos a jugar en la selva…

> Papá, ¿dónde estás?

> Los niños duermen en un árbol al lado de un pájaro. Poco a poco se transforman en pájaros. Cantan '¡Ayaymama!', una canción que significa: '¡Ay, ay, mamá! ¿Por qué nos dejaste?'

la madrastra	stepmother
la selva	jungle
¿Por qué nos dejaste?	Why did you leave us?

2 Busca las frases en español en la historia.

1. Their mother died.
2. My stepchildren are very difficult.
3. They have to go.
4. You have to abandon your children.
5. The boys sleep in a tree next to a bird.
6. Little by little they change into birds.

3 Trabaja en un grupo de cuatro personas. Da tu opinión sobre la historia de *Ayaymama*.

¿Qué opinas de *Ayaymama*?

- Me encanta…
- ¡Qué triste! / ¡Qué trágica! / ¡Fantástica! / ¡Maravillosa!
- Es como la historia de…

- No me gusta nada…
- ¡Ay! / ¡Qué horror! / ¡Qué tontería!

Jóvenes en acción – 4

Cenicienta

4 Empareja las frases con los dibujos. Luego, escucha la historia y comprueba tus respuestas.

1. Un día llega una invitación.
2. (sin texto)
3. Las hermanastras van al baile pero Cenicienta no puede ir.
4. (sin texto)
5. Luego Cenicienta va al palacio.
6. (sin texto)
7. (sin texto)
8. Al día siguiente, el príncipe tiene el zapato y busca a su princesa.

a ¿Puedo bailar contigo? — Sí, por supuesto.

b ¿Te gustaría ser una princesa? — ¡Sí, sí, por supuesto!

c Me llamo Cenicienta. Vivo con mi madrastra y mis hermanastras.

d Tengo que irme. — Pero... ¡tu zapato!

e Vamos al baile en el palacio con el príncipe. ¡Qué guay! — ¡Limpia los zapatos! ¡Prepara los vestidos!

f Estoy triste porque no puedo ir al baile.

g ¡Oh no! Es demasiado pequeño. — ¡Me queda bien!

h Sí puedes ir – ¡aquí tienes un vestido! Pero ¡cuidado! Tienes que volver antes de las doce. — ¡Gracias!

5 Trabaja en un grupo. Vas a escribir una historieta para niños sobre *Juan y las judías mágicas*.
Work in a group. You are going to write a short story for children about Jack and the Beanstalk.

- **Present** your story as a cartoon strip. Use 7–9 frames.
- **Use** mainly <u>dialogue</u> with a bit of <u>narration</u>. Look at how this works in the *Cinderella* story.
- **Look for** words or phrases in the *Ayamama* and *Cinderella* stories that you could use to add dialogue.
- **Brainstorm** other words and phrases you could use. Look them up in a dictionary, if you need to.
- **Create** narration to link the dialogue, using the words below.

Where/When?	Who/What?	Doing what?
en el camino durante la noche en el castillo	Juan una vaca cinco judías mágicas una planta un hombre un castillo un gigante el tesoro	se encuentra con cambia crece sube baja corta se despierta se cae recibe

noventa y cinco

¡MODULE 5!
Una aventura en Madrid

1 Este anuncio se refiere a...

  a restaurantes en Madrid
  b visitas en Madrid
  c teatros en Madrid

DESCUBRE EL SABOR DE LA PLAZA MAYOR

Hosteleros Plaza Mayor

2 En Madrid aquí se puede...

  a comprar fruta
  b tomar el metro
  c hacer deporte

3 Lee el anuncio. ¿Verdadero o falso? Durante el Maratón de Madrid, se puede...

  1 escuchar música   **2** correr   **3** obtener una camiseta

La Puerta del Sol square in Madrid is considered by many to be the symbolic centre of both the city and the country. It is the 'kilómetro 0' for all roads in Spain!

Rock'n'Roll MADRID MARATÓN & 1/2

- Maratón, 1/2 Maratón y 10K
- 21 Bandas de Rock
- Gran Concierto final KISS FM
- Camiseta técnica adidas
- Regalo conmemorativo
- Medalla Finisher

96 noventa y seis

Una aventura en Madrid – 5

4 Busca en el plano de Madrid:

1 el estadio Santiago Bernabéu
2 la Gran Vía
3 el Museo del Prado
4 el parque del Retiro

5 ¿Qué animal es parte del símbolo de Madrid?

a el oso
b el perro
c la serpiente

Did you know that even though Madrid is over 300 kilometres from the coast, it has its own urban beach built beside the city's river, the Río Manzanares?

6 ¿Qué información **no** aparece en este folleto sobre el Zoo de Madrid?

ZOO AQUARIUM DE MADRID

✉ Casa de Campo, s/n
☎ 902 34 50 14
Ⓜ CASA DE CAMPO
€ Precio adultos: 22,90 €
　　niños (3–7): 18,55 €
🕐 Lun–vier: 10:30–20:00 h
　Sáb–dom: 10:30–20:30 h

a el número de teléfono
b el precio
c los horarios
d el nombre del restaurante

noventa y siete 97

¡Mucho gusto!

○ Meeting and greeting people
○ Using expressions with **tener**

1 Aisha visita a la familia de Serena. Escucha y lee.

por supuesto *of course*

- Este es mi padre, Carlos, y esta es mi madre, Paloma.
- Mucho gusto, Aisha.
- Mucho gusto.
- Este es mi hermano, Hugo, y esta es mi hermana, Paula.
- ¿Tienes hambre, Aisha? ¿Quieres comer algo?
- No tengo hambre, pero tengo sed. Quiero beber algo, por favor.
- Por supuesto.
- ¿Quieres ver la tele?
- De acuerdo... pero primero quiero mandar un SMS a mis padres.
- *Un poco más tarde...*
- ¿Tienes sueño?
- Sí, tengo sueño. Quiero ir a la cama, por favor.

2 Lee el diálogo otra vez y busca las frases en español.

1 Pleased to meet you.
2 Do you want to eat something?
3 Are you sleepy?
4 I am thirsty.
5 I want to go to bed.
6 This is my brother.
7 I am not hungry.
8 Do you want to watch TV?

Tengo... ¿Tienes...?	hambre sed sueño
Quiero... ¿Quieres...?	beber / comer algo hablar por Skype™ ir a la cama mandar un SMS ver la tele

Gramática

The verb **tener** means 'to have'. However, it is translated as 'to be' in the following expressions:

tener hambre	to be hungry
tener sed	to be thirsty
tener sueño	to be sleepy
¿Tienes hambre?	Are you hungry?
No, pero tengo sed.	No, but I'm thirsty.

noventa y ocho

Una aventura en Madrid – 5.1

3 Con tu compañero/a, haz el diálogo.

- Este / Esta es...
  Víctor   Elena
  Inés
- ■ Mucho gusto.

- ¿🥛? ■ ✗🥛 ✓🍽
- ¿📺? ■ ✓📺
- ¿🛏? ■ ✓🛏 pero primero 📱

> To introduce someone you use:
> **Este es...**
> This is... (masculine)
> **Esta es...**
> This is... (feminine)

4 Cameron visita a la familia de Sergio. Escucha y elige la respuesta correcta.

1 La madre se llama *María / Marisol / Mónica*.
2 Cameron quiere beber *cola / agua / limonada*.
3 La madre ofrece *calamares / paella / un bocadillo*.
4 Cameron no tiene *sed / hambre / sueño*.
5 Primero Cameron quiere *hablar por Skype / ver la tele / ir a la cama*.

5 Sophie está en Madrid de intercambio. Lee su blog. ¿Verdadero o falso? Escribe V o F.
Sophie is on an exchange visit to Madrid. Read her blog. True or false? Write V or F.

Mi primer día en Madrid
Me encanta Madrid – ¡quiero vivir aquí! Tengo sueño después del viaje, pero no quiero ir a la cama porque quiero hablar por Skype con mis padres más tarde. Primero quiero comer algo – ¡tengo mucha hambre! Almudena (mi compañera española) es muy simpática. Aquí tienes una foto de su familia: este es su padre, Diego, y esta es su madre, Begoña. No tiene hermanos, pero tiene un perro que se llama Doki.

1 Sophie quiere vivir en Madrid.
2 Sophie quiere mandar un SMS a sus padres.
3 Sophie tiene sed.
4 El padre de Almudena se llama Diego.
5 Almudena tiene dos hermanos.
6 Almudena no tiene animales.

6 En un grupo de cuatro personas, escribe un sketch cómico con un(a) invitado/a muy difícil.
In a group of four, make up a comic sketch with a very difficult guest.

- Introduce everyone. **(Este / Esta es mi...)**
- Say 'pleased to meet you'. **(Mucho gusto.)**
- Ask if he/she is hungry, tired, thirsty. **(¿Tienes...? Sí, tengo...)**
- Ask if he/she wants to eat or drink something, go to bed, watch TV, etc. **(¿Quieres...? No, no quiero...)**

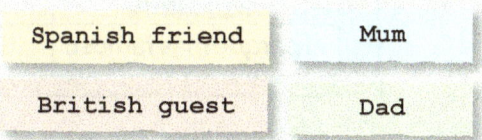

Roles:
Spanish friend   Mum
British guest   Dad

7 Trabaja en tu grupo. ¡Haz tu sketch!

noventa y nueve 99

¡2! La caza del tesoro

- Talking about a treasure hunt
- Using the superlative

1 Cameron y Sergio van a hacer una caza del tesoro en Madrid. Empareja el lugar con la actividad.
Cameron and Sergio are going to do a treasure hunt in Madrid. Match the place with the activity.

¿Adónde hay que ir?

1. Hay que ir a la Chocolatería San Ginés.
2. Hay que ir al parque del Retiro.
3. Hay que visitar el Museo Reina Sofía.
4. Hay que ir al estadio Santiago Bernabéu.
5. Hay que coger el teleférico.

hay que	you/we have to
el cuadro	painting
el teleférico	cable car
del mundo	in the world

¿Por qué?   Porque…

a … hay que comprar una postal del cuadro más famoso de España.
b … hay que dibujar el león más feroz del parque.
c … hay que sacar fotos de los monumentos más interesantes de Madrid.
d … hay que ver el campo de fútbol más famoso de Madrid.
e … hay que comer los churros más ricos del mundo.

2 Escucha y comprueba tus respuestas.

Gramática

Remember, you use the **superlative** to say 'the (old)-est', 'the most (famous)', etc.

el/la/los/las + noun + **más** + adjective

The adjective always goes <u>after</u> the noun and must agree with it.

singular		plural	
masculine	feminine	masculine	feminine
el parque más famoso	la tienda más famosa	los parques más famosos	las tiendas más famosas

>> p114

3 Busca las frases en español en el texto del ejercicio 1.

1. the most famous football pitch
2. the most interesting monuments
3. (of) the most famous painting
4. the most ferocious lion
5. the tastiest churros

cien

Una aventura en Madrid – 5.2

4 Escribe las frases correctamente. Luego traduce las frases al inglés.

1. interesante mundo más El del cuadro
2. monumentos Los de más Madrid antiguos
3. grandes parque del más animales Los
4. de teleférico famoso España El más
5. más Madrid La popular tienda de

5 Escucha. Apunta (a) el lugar y (b) la actividad en el orden correcto.
Listen. Note down (a) the place and (b) the activity in the correct order.

Ejemplo: **a** San Miguel market – **b** ...

6 Con tu compañero/a, haz un diálogo.

- Primero hay que <u>ir al museo</u>.
- ¿Por qué?
- Porque hay que <u>dibujar el cuadro más antiguo</u> de Madrid. Luego…

primero	museo	antiguo
luego	parque	interesante
finalmente	teleférico	famosos

7 ¿Qué vamos a hacer hoy? Lee los anuncios y contesta a las preguntas en inglés.

probar — *to try*
el mamífero — *mammal*

Restaurante Botín

¿Quieres probar la comida más típica de Madrid? Hay que comer en el Restaurante Botín, el restaurante más antiguo del mundo (según el *Libro Guinness de los Récords*), donde hay que probar la especialidad de la casa.

Zoo Aquarium Madrid

¿Te interesa el mundo animal? Hay que visitar el Zoo Aquarium de Madrid, con más de 6000 animales, desde el insecto más pequeño hasta el mamífero más grande. También hay que sacar una foto del pequeño Buba, el elefante asiático más popular del zoo.

1. What can you try at Restaurante Botín?
2. Why is Restaurante Botín famous?
3. What do you think **la especialidad de la casa** means?
4. What does the advert say about the range of animals at the zoo?
5. Who is Buba?

8 Imagina que haces una caza del tesoro en Madrid. ¿Qué hay que hacer?

Ejemplo:

Primero hay que ir <u>a la Gran Vía</u> porque hay que <u>visitar las tiendas más</u>...

ciento uno 101

Mi día favorito

- Describing a day trip
- Using the preterite of irregular verbs

1 Escucha y lee. Cameron describe su visita al zoo con Sergio. Pon las fotos en el orden correcto.

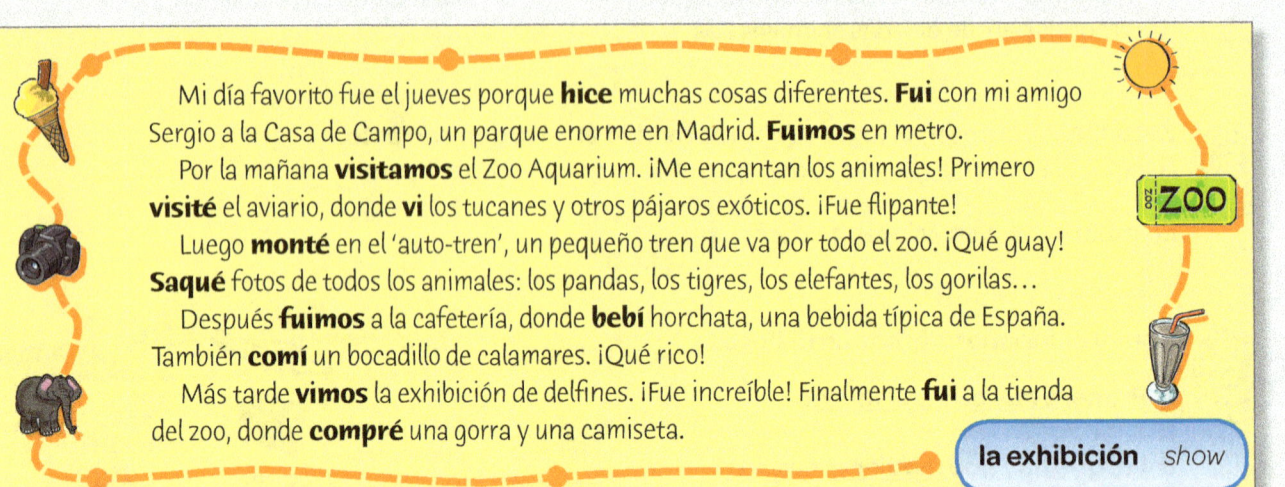

Mi día favorito fue el jueves porque **hice** muchas cosas diferentes. **Fui** con mi amigo Sergio a la Casa de Campo, un parque enorme en Madrid. **Fuimos** en metro.
Por la mañana **visitamos** el Zoo Aquarium. ¡Me encantan los animales! Primero **visité** el aviario, donde **vi** los tucanes y otros pájaros exóticos. ¡Fue flipante!
Luego **monté** en el 'auto-tren', un pequeño tren que va por todo el zoo. ¡Qué guay! **Saqué** fotos de todos los animales: los pandas, los tigres, los elefantes, los gorilas…
Después **fuimos** a la cafetería, donde **bebí** horchata, una bebida típica de España. También **comí** un bocadillo de calamares. ¡Qué rico!
Más tarde **vimos** la exhibición de delfines. ¡Fue increíble! Finalmente **fui** a la tienda del zoo, donde **compré** una gorra y una camiseta.

la exhibición — show

2 Busca los verbos en español en el texto del ejercicio 1.

1 I saw
2 we saw
3 I went
4 we went
5 I visited
6 we visited
7 I bought
8 I drank
9 I rode / I went on
10 I did
11 I took
12 I ate

Gramática

You use the **preterite** to talk about completed events in the past. You have already seen how to use regular verbs in the preterite (on page 34), but **irregular verbs** do not follow the usual patterns.

ir	(to go)	fui	(I went)	fuimos	(we went)
hacer	(to do / make)	hice	(I did / made)	hicimos	(we did / made)
ver	(to see / watch)	vi	(I saw / watched)	vimos	(we saw / watched)

In the preterite some verbs have a spelling change in the 'I' form only.
    sacar → saqué (but sacamos)   jugar → jugué (but jugamos)

>> p115

3 Con tu compañero/a, describe tu día en el zoo. Añade una actividad cada vez.

- ¿Qué hiciste en el zoo?
- Vi los tigres. ¿Y tú?
- Vi los tigres y saqué fotos. ¿Y tú?

Zona Cultura

Horchata (a cold, milk-like drink made with tiger nuts) and **bocadillos de calamares** (fried squid-ring sandwiches) are very popular in Madrid. Another regional speciality is **cocido madrileño**, a stew made with meat, chickpeas and vegetables.

ciento dos

Una aventura en Madrid – 5.3

4. Lee el texto y completa con los verbos del recuadro.

¡Qué miedo! *How scary!*

Por la tarde **1** ——— al parque de atracciones. Primero **2** ——— en Tarántula con Sergio y también en Abismo, la montaña rusa más emocionante del parque. ¡Qué miedo! Luego Sergio y yo **3** ——— en Los Rápidos. ¡Qué divertido! Un poco más tarde fuimos al cine 4D, donde **4** ——— una película fantástica. También fuimos a la cafetería, donde **5** ——— helados. El día fue increíble y **6** ——— muchas fotos.

saqué   montamos   monté   vimos   comimos   fuimos

Tarántula

5. Escucha y escribe las letras correctas. (1–3)

Ejemplo: **1** b, …

Día favorito:	**a** el miércoles		**b** el viernes		**c** el domingo
Primero:	**d**		**e**		**f**
Luego:	**g**		**h**		**i**
Después:	**j**		**k**		**l**
Opinión:	**m**		**n**		**o**

6. Con tu compañero/a, describe tu día favorito. Utiliza los dibujos del ejercicio 5.

● Mi día favorito fue el…
Primero… Luego… Después…

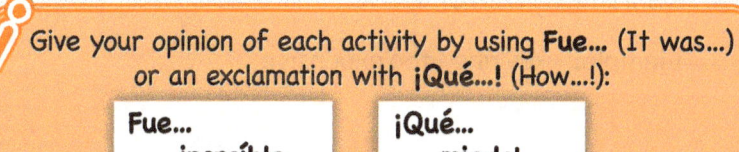

Give your opinion of each activity by using **Fue…** (It was…) or an exclamation with **¡Qué…!** (How…!):

Fue…
…increíble
…divertido
…flipante

¡Qué…
…miedo!
…rico!
…guay!

7. Describe tu día favorito en Madrid.

Write about:
○ which was your favourite day
(Mi día favorito fue el…)
○ where you went in the morning / afternoon
(Por la mañana / tarde…).

Use:
○ sequencers (**Primero… Más tarde…**)
○ some verbs in the 'I' form and others in the 'we' form (**monté…, vimos…**)
○ opinion phrases and exclamations (**Fue… ¡Qué… !**).

ciento tres **103**

En la tienda de recuerdos

- Discussing buying souvenirs
- Using **tú** and **usted**

1 Escucha. Copia y completa la tabla en inglés. (1–4)

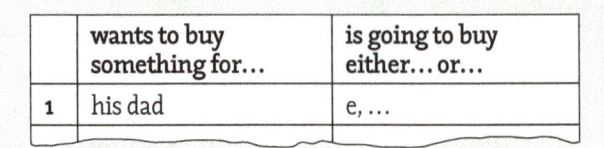

¿Qué vas a comprar?

	wants to buy something for…	is going to buy either… or…
1	his dad	e, …

a un imán
b un llavero
c un collar 
d un abanico 
e turrón 
f una camiseta 
g una figurita 
h una taza 

2 Con tu compañero/a, tira el dado <u>tres</u> veces. Haz <u>seis</u> diálogos.

● ¿Qué vas a comprar?
■ Quiero comprar algo para mi 🎲 <u>abuela</u>. Creo que voy a comprar 🎲 <u>un abanico</u> o 🎲 <u>una figurita</u>.

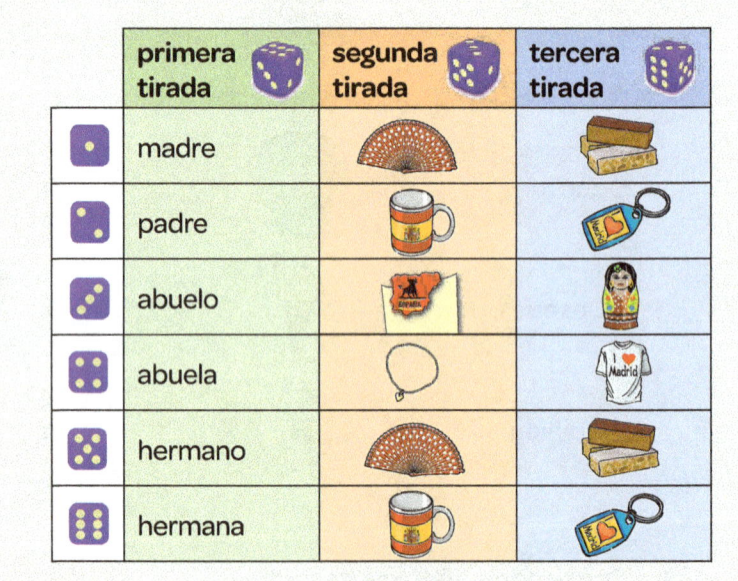

primera tirada	segunda tirada	tercera tirada
⚀ madre	abanico	turrón
⚁ padre	taza	llavero
⚂ abuelo	imán	figurita
⚃ abuela	collar	camiseta
⚄ hermano	abanico	turrón
⚅ hermana	taza	llavero

3 ¡Rompecabezas! Lee el texto y apunta la opinión de Alicia sobre cada recuerdo. Luego adivina lo que va a comprar.
Brain teaser! Read the text and note down Alicia's opinion of each souvenir. Then guess what she is going to buy.

Ejemplo: key ring – too expensive

Quiero comprar algo para mi hermana. Me gusta el llavero, pero es demasiado caro. No me gusta el imán porque no es útil. La camiseta es bonita, pero es demasiado grande. La figurita no es práctica. El abanico es barato, pero prefiero la taza y no es cara. No me gusta nada el collar porque es muy feo. Por eso creo que voy a comprar…

demasiado — too

barato/a	cheap
caro/a	expensive
feo/a	ugly
bonito/a	pretty
precioso/a	lovely
útil	useful

4 Escucha y comprueba tu respuesta.

ciento cuatro

Una aventura en Madrid – 5.4

5 **Escribe un rompecabezas para tu compañero/a.**
Write a brain teaser for your partner.

> Remember to use the correct word for 'a' or 'the', and to make adjectives agree.
> un imán → el imán es precioso
> una taza → la taza es preciosa

Quiero comprar algo para mi… Me gusta el/la… pero prefiero el/la…
El/La… es muy… pero es… El/La… es demasiado… Por eso voy a comprar…

6 **Paula quiere comprar recuerdos. Escucha y completa la canción con las palabras del recuadro. Luego ¡canta!**

¡Buenos días, señorita! ¿Cómo está usted?
¿Qué quiere, señorita? ¿Qué quiere usted?
Quiero algo para mi hermano. ¿Qué voy a comprar?
La camiseta es 1——. ¿O tal vez el turrón?
La figurita es 2——, pero el llavero es muy 3——.
El turrón, ¿cuánto es, señor?
Son cinco euros.
4——. Voy a comprar el turrón…

¡Aquí tiene, señorita! ¡Aquí tiene usted!
¿Algo más, señorita? ¿Algo más para usted?
Quiero algo para mi madre. ¿Qué voy a comprar?
El abanico es muy 5——. ¿O tal vez el collar?
Me gusta la taza porque no es 6——, pero prefiero el imán.
El imán, ¿cuánto es, señor?
Son cuatro euros.
¡Ay! ¡Qué 7——! ¡No tengo bastante dinero!

perfecto
tonta
bonita
barata
típico
útil
cara

tal vez *maybe / perhaps*

Gramática

When you are speaking to someone you know use the **tú** form of the verb – the familiar singular way of saying 'you'.
¿Quier**es** ver la tele?   Do you want to watch TV?

However, in shops people may use **usted** (the he/she form of the verb) – the formal singular way of saying 'you'.
¿Señora, qué quier**e usted**?   Madam, what do you want?

>> p114

7 **Lee la canción otra vez. ¿Qué significan las frases subrayadas?**
Read the song again. What do the underlined phrases mean?

8 **Con tu compañero/a, inventa tres diálogos en una tienda de recuerdos.**

● ¡Buenos días! ¿Qué quiere usted?
■ Quiero comprar algo para…
● ¿Una camiseta o tal vez un imán?
■ Me gusta la camiseta pero prefiero el imán porque es… ¿Cuánto es?
● Son… euros.
■ Perfecto, gracias. / Es demasiado caro. No, gracias.

ciento cinco 105

¡5! Mi último día en Madrid

- Discussing the final day of a visit
- Using three tenses

1 Escucha y escribe las dos letras correctas para cada persona. (1–6)

Ejemplo: **1** c, ...

Si... *¿Qué vas a hacer mañana?*

- **a** hace sol
- **b** hace buen tiempo
- **c** hace viento
- **d** hace calor
- **e** hace frío
- **f** llueve

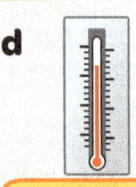

voy a...

- **g** ver un partido en el estadio Santiago Bernabéu
- **h** visitar el Museo del Prado
- **i** ir de compras al Rastro
- **j** sacar fotos del Palacio Real
- **k** tomar el sol en el Retiro
- **l** probar un cocido madrileño

2 Con tu compañero/a, haz dos diálogos.

- ¿Qué vas a hacer mañana?
- Si hace frío, voy a visitar el Museo del Prado.

- ¿Y si llueve?
- ...

3 Lee los textos. Recomienda una actividad del ejercicio 1 para cada persona. Escribe la letra correcta.

sobre todo — *above all / especially*

> Me encanta el arte, sobre todo los cuadros antiguos. Ayer visité el Museo Reina Sofía y me gustó mucho. Mañana es mi último día en Madrid. ¿Qué más me recomiendas? **Jenny**

> Quiero comprar recuerdos para mi familia. El jueves fui a un centro comercial enorme con muchas tiendas diferentes, pero no compré nada – todo es muy caro. **Rachel**

> Mi pasión es el deporte, sobre todo el fútbol, y juego todos los días después del insti. Ayer fui al Retiro, donde jugué al tenis. Fue divertido ¡pero prefiero el fútbol! **Zainab**

> A mí me encantan los monumentos históricos. Siempre saco muchas fotos, y el martes visité el Templo de Debod. ¡Fue flipante! ¿Qué otros monumentos me recomiendas? **Paula**

ciento seis

Una aventura en Madrid – 5.5

4 Escucha y lee el texto. ¿Es Jenny, Rachel, Zainab o Paula?

> Gracias por tu recomendación. Ayer visité el Rastro y fue guay. Compré un abanico bonito para mi abuela y después fui a un restaurante tradicional, donde comí un cocido madrileño. Luego por la tarde tomé el sol.
>
> El Rastro es el mercado más grande de Madrid. Me encanta ir de compras y en Inglaterra los domingos normalmente voy al centro comercial con mis amigos, donde compro música y DVD. Luego juego al tenis en el parque.
>
> Mañana, si hace buen tiempo, voy a ir a la Plaza Mayor, donde voy a comprar un llavero en una tienda de recuerdos. Sin embargo, si llueve, voy a visitar la Catedral de la Almudena, donde voy a sacar fotos.

5 Lee el texto del ejercicio 4 otra vez. Apunta los datos en inglés.

- What she did yesterday: went to Rastro, bought a…
- What she usually does on Sundays: …
- Plans for tomorrow: …

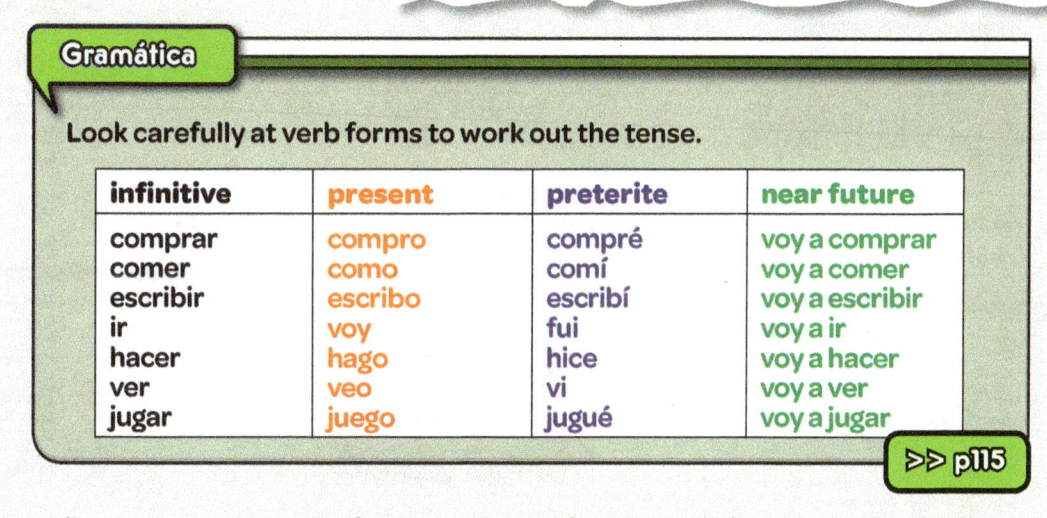

Gramática

Look carefully at verb forms to work out the tense.

infinitive	present	preterite	near future
comprar	compro	compré	voy a comprar
comer	como	comí	voy a comer
escribir	escribo	escribí	voy a escribir
ir	voy	fui	voy a ir
hacer	hago	hice	voy a hacer
ver	veo	vi	voy a ver
jugar	juego	jugué	voy a jugar

>> p115

6 Con tu compañero/a, prepara y practica las presentaciones. Luego inventa tu propia presentación.

- Ayer fui al… donde tomé… Fue flipante.
  Normalmente los sábados juego… y…
  Mañana, si…, voy a visitar…

ayer — normalmente los sábados — mañana

1 → awesome
2 → boring

7 Traduce el texto al español. ¡Cuidado con los verbos!

> Yesterday I went to the zoo, where I saw the elephants, lions and tigers. It was awesome! Then I went to the souvenir shop, where I bought a key ring and a mug.
>
> Normally on Saturdays I watch a match with my friends, and then I go to the cinema.
>
> Tomorrow, if it is good weather, I am going to sunbathe in the Retiro, but if it is cold, I am going to take photos of the Palacio Real.

Lo siento, no entiendo

- Making yourself understood
- Saying the right thing in different situations

MODULE 5 · ¡6!

SPEAKING SKILLS

'Survival' strategies

You need to have a range of strategies to help you communicate in Spanish. Make sure you know the Spanish for things like 'I don't understand' and 'Can you repeat?' as well as how to cope when you don't know the right word. It is also important to know what to say in different social situations (for example, at mealtimes or when someone is ill).

1 Escucha y lee. ¿Qué significan las frases en verde? Utiliza el minidiccionario si es necesario. (1–6)

1. ¡Adiós! ¡Hasta pronto! — ¡Buen viaje!
2. Y Rafa Nadal es el campeón. ¡Fenomenal! — ¡Enhorabuena!
3. ¡Aaaaaachís! — ¡Jesús!
4. ¡Aaaay! Estoy enfermo. — ¡Mejórate pronto!
5. ¡Qué bien! Tengo hambre. — ¡Que aproveche!
6. Un aplauso para la primera cantante. — ¡Buena suerte!

2 Juego de memoria. Con tu compañero/a, lee por turnos una frase en negro del ejercicio 1. Sin mirar, ¿qué vas a contestar?

Memory game. With your partner, take it in turns to read a sentence in black from exercise 1. Without looking, what are you going to reply?

3 Empareja las frases en inglés con el equivalente en español.

1. I'm sorry, I don't understand the word '...'.
2. How do you say '...' in Spanish?
3. Can you repeat?
4. Can you speak more slowly please?

a. ¿Cómo se dice '...' en español?
b. Lo siento, no entiendo la palabra '...'.
c. ¿Puedes hablar más despacio, por favor?
d. ¿Puedes repetir?

4 Con tu compañero/a, lee por turnos las frases en español del ejercicio 3 en voz alta.

5 Escucha y comprueba tu pronunciación y entonación. (1–5)

Pronunciación

Use your knowledge of phonics to work out pronunciation. Make sure you are using the correct intonation to make questions sound like questions.

>> p132

108 ciento ocho

Una aventura en Madrid – 5.6

6 Estás en casa de Serena. Escucha la conversación. ¿Qué vas a decir en las pausas? Utiliza expresiones del ejercicio 3. (1–3)
You are in Serena's home. Listen to the conversation. What are you going to say in the pauses? Use expressions from exercise 3.

SKILLS
Non-verbal communication
You can also use non-verbal ways of getting your meaning across. You can:
- mime — ¿Tienes un/una...?
- point — Quiero esto.
- draw — Es así.
- use facial expressions and act — Tengo...

7 Con tu compañero/a, imagina que eres la persona del dibujo. ¿Qué vas a hacer? ¿Qué vas a decir? Por turnos, lee las frases y responde.
With your partner imagine that you are the person in the picture. What are you going to do? What are you going to say? Take turns to read the sentences and respond.

1
● Buenos días. ¿Qué quiere usted? 
● Muy bien.

2
● ¿Necesitas algo? 
● Sí, ¡aquí tienes uno!

3
● ¿Qué tal estás? ¿Tienes un problema? 
● Está bien, te voy a ayudar.

4
● ¿Qué tal estás? 
● Ah sí, ahora entiendo.

8 Estás en una tienda de recuerdos. Con tu compañero/a, utiliza las estrategias de esta unidad para reaccionar a las situaciones diferentes.
You are in a souvenir shop. With your partner, use the strategies from this unit to react to the different situations.

Ejemplo: **1**
■ Buenos días, señor.
● ¡Aaaaaachís!
■ ...

1. ¡Aaaaaachís!
2. Tengo hambre. ¡Ñam, nam!
3. Este es mi nuevo nieto.
4. ¿Qué quiere usted?

ciento nueve 109

¡LECTURA! De paseo por Madrid

○ Reading authentic texts about Madrid
○ Using strategies to access harder texts

1 Lee el texto. Pon la traducción del texto en el orden correcto.

Ejemplo: b, ...

De compras por el Rastro de Madrid

En la capital hay muchas cosas que ver, visitar y descubrir. El Rastro de Madrid es un mercado al aire libre en el casco histórico que se organiza todos los domingos por la mañana y los días festivos. Consiste en una multitud de puestos de ocasión, donde se puede encontrar de todo: camisetas, bolsos, libros, discos, aparatos electrónicos, zapatos...

a ... T-shirts, handbags, books, records, electrical appliances, shoes...
b In the capital there are many things to see, visit and discover.
c ... which is organised every Sunday morning and on public holidays.
d It consists of a huge number of second-hand stalls where you can find everything: ...
e The Rastro de Madrid is an outdoor market in the historic city centre...

2 Lee el foro sobre el estadio Santiago Bernabéu y contesta a las preguntas.

¿Recomiendas el estadio Santiago Bernabéu?

Iker ★★★★☆
No soy fanático del Real Madrid, pero mi visita al Santiago Bernabéu fue flipante. El museo tiene mucha información sobre los jugadores famosos: Beckham, Zidane, Ronaldo... Mi parte favorita fue entrar al campo de fútbol – ¡donde saqué un millón de fotos! Te recomiendo visitar por la mañana cuando no hay muchos turistas.

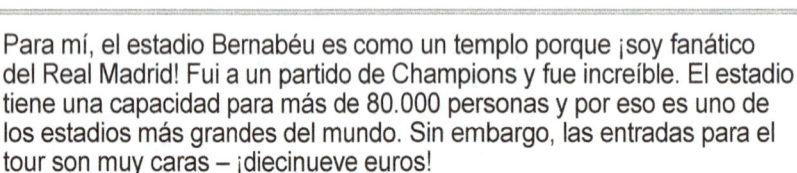

Óscar ★★★★☆
Para mí, el estadio Bernabéu es como un templo porque ¡soy fanático del Real Madrid! Fui a un partido de Champions y fue increíble. El estadio tiene una capacidad para más de 80.000 personas y por eso es uno de los estadios más grandes del mundo. Sin embargo, las entradas para el tour son muy caras – ¡diecinueve euros!

María ★★★★★
Si te gusta el fútbol, hay que visitar el Bernabéu. Primero visité el museo con todos los trofeos y copas. Luego vi el túnel por donde entran los jugadores. Y después, la parte más emocionante: el vestuario del primer equipo (con un jacuzzi enorme donde los futbolistas relajan sus músculos). Al final del tour fui a la tienda oficial, donde compré recuerdos.

Who...
1 was impressed by the first-team changing rooms?
2 says the tickets are expensive?
3 talks about the size of the stadium?
4 recommends visiting the stadium in the morning?
5 bought souvenirs?
6 took lots of photos?
7 is a big fan of Real Madrid?
8 watched a match?

SKILLS

Selecting essential vocabulary

Don't stop to look up every word you don't know in a dictionary. Ask yourself: do I need to know what this word means to answer the question? If you do, look it up. If not, move on.

110 ciento diez

Una aventura en Madrid – 5

> **SKILLS**
> **Understanding texts – step by step**
> Always start by reading for gist, not detail. Skim through the text using clues such as cognates, pictures and the questions to get a general idea of what it is about. Then re-read the text for detail. Try to work out the meaning from context and by using logic.

3 Lee el texto. ¿Verdadero o falso? Escribe V o F. (¡Cuidado! ¡Tienes que leer <u>toda</u> la página web!)
Read the text. True or false? Write V or F. (Careful! You need to read the <u>whole</u> webpage!)

Interacción con reptiles

¿Te apasionan los animales? ¿Sientes fascinación por los reptiles? Ahora tienes la oportunidad de participar en una interacción con los reptiles, anfibios e insectos.

Una experiencia única donde puedes observar cómo comen los caimanes, serpientes, camaleones y tortugas. La actividad tiene una duración aproximada de una hora.

La última parte de la interacción consiste en una clase práctica donde puedes tocar una tarántula, una serpiente y un camaleón con tus propias manos.

Horarios
sábados, domingos y festivos a las 16.00h

Precio **Duración**
6€ 60 minutos

¿Sabías...
... que el color del cuerpo del camaleón está asociado a su estado de ánimo?

1 Puedes hacer esta actividad todos los días.
2 Esta actividad es ideal para los fanáticos de los reptiles.
3 Puedes descubrir más sobre la comida de los reptiles.
4 Esta actividad dura dos horas.
5 Al final de la actividad tienes la oportunidad de tocar los reptiles.
6 El color del cuerpo de los camaleones depende de su temperatura.

tocar — *to touch*
el estado de ánimo — *mood*

4 Lee el texto. Luego pon los títulos en el orden del texto.

Ejemplo: e, ...

El **Palacio Real de Madrid** es la residencia oficial de la familia real española, pero hoy es utilizado exclusivamente para recepciones, ceremonias y actos oficiales.

La construcción del Palacio Real comenzó en 1738 y duró diecisiete años.

El Palacio está situado al lado de los jardines del Campo del Moro y los jardines de Sabatini.

El cambio de guardia del Palacio Real de Madrid se celebra todos los miércoles desde octubre hasta julio a las once de la mañana (excepto cuando hay actos oficiales o condiciones meteorológicas adversas).

El Palacio Real ofrece visitas libres y guiadas durante todo el año. La visita típica incluye la entrada a:
• **Salones Oficiales:** Grandiosos, bien conservados y con mucho estilo.
• **Armería Real:** Una de las colecciones más importantes del mundo.
• **Farmacia Real:** Cientos de botes de diferentes formas.

Adultos: 10€ (visita guiada 14€)
Estudiantes, carné joven, mayores de 65 y menores de 16 años: 5€

Metro: Estación Ópera (líneas 2 y 5)
Autobuses: 3, 25, 39 y 148

a Don't miss the changing of the guard!
b Three highlights of a typical visit
c How to get here
d Almost 300 years of history
e Official residence of the Spanish royal family
f Set within beautiful gardens

5 Lee el texto del ejercicio 4 otra vez. Contesta a las preguntas en inglés.

1 What is the Palacio Real used for today?
2 How long did it take to build the palace?
3 When can you watch the changing of the guard?
4 What is special about the Royal Armoury?
5 What costs 14 euros?
6 Who can visit the palace for a reduced price? (Name <u>two</u> groups.)

ciento once

¡RESUMEN! I can...

1
- meet and greet people — Esta es mi madre. / ¡Mucho gusto!
- say what I want to do — Quiero beber algo.
- use expressions with **tener** — Tengo hambre. ¿Tienes sed?

2
- talk about a treasure hunt — Vamos a hacer una caza del tesoro.
- say what I/you/we have to do — Hay que ir a la Chocolatería San Ginés.
- use the superlative — el parque más grande de la ciudad, la tienda más famosa de Madrid

3
- say which was my favourite day of the visit — Mi día favorito fue el martes.
- describe a day trip — Por la mañana fui al parque de atracciones.
- give my opinion of the things I did — ¡Fue flipante! ¡Qué divertido!
- use the preterite of irregular verbs — Hicimos muchas cosas. Vi los elefantes.

4
- say who I want to buy a souvenir for — Quiero comprar algo para mi madre.
- discuss what I am going to buy — Voy a comprar un imán o tal vez un collar.
- use shopping language — ¿Cuánto es? Es demasiado caro.
- use **tú** and **usted** correctly — ¿Qué quieres? ¿Qué quiere usted?

5
- say what I am going to do depending on the weather — Si llueve, voy a comprar recuerdos.
- refer to the past, present and future — Ayer fui al Rastro. Normalmente voy al centro comercial. Mañana voy a ir al estadio Santiago Bernabéu.

6
- s say the right thing in different social situations
- s cope when speaking by:
  - asking someone to repeat, explain, etc.
  - using non-verbal ways to get my meaning across (mime, pointing, etc.)

7
- s access harder texts by:
  - skimming a text first before re-reading it for detail
  - not stopping to look up every word I do not know
  - looking up only the words I need to understand to do the task

¡PREPÁRATE!

Una aventura en Madrid – 5

1. David visita a la familia de Raúl. Escucha. ¿Verdadero o falso? Escribe V o F.

1. Raúl's brother is called Felipe.
2. Raúl's stepmother offers David a sandwich.
3. David wants something to drink.
4. David doesn't want to watch TV.
5. David is sleepy.
6. Later David wants to send a text message to his parents.

2. Con tu compañero/a, haz los diálogos A y B.

Ejemplo: A
- Si hace buen tiempo, ¿qué vas a hacer mañana?
- Si hace buen tiempo, voy a…
- ¿Y si llueve?

3. Lee la entrada de blog. Contesta a las preguntas en inglés.
Read the blog entry. Answer the questions in English.

Ayer hice una caza del tesoro en Madrid con mi amigo Antonio y fue guay. Primero fuimos a una chocolatería, donde comimos los churros más ricos del mundo. Luego fuimos al estadio Santiago Bernabéu. ¡Fue flipante! Primero saqué fotos y luego compré una camiseta para mi padre.

Quiero comprar algo para mi hermana también. Creo que voy a comprar un llavero o un imán.

Mañana, si hace frío, voy a ir al Museo Reina Sofía, donde voy a ver el cuadro más famoso de España. Sin embargo, si hace buen tiempo, voy a ir a la plaza de España, donde voy a sacar fotos. ¡Me chifla Madrid! *Eliana*

1. What did Eliana do yesterday?
2. What did she eat?
3. What present did she buy?
4. What is she going to buy for her sister?
5. What is she going to do tomorrow if it's cold?
6. What is she going to do if it's good weather?

4. Escribe una entrada de blog. Utiliza el texto del ejercicio 3 como modelo.

- Say that you went on a treasure hunt in Madrid yesterday.
- Mention two places that you went to and what you did at each place.
- Say two things you are going to do tomorrow (depending on the weather!).
- Use connectives and sequencers.
- Remember to include opinions.

ciento trece 113

¡GRAMÁTICA!

The superlative

You use the superlative to talk about 'the (old)-est', 'the most (famous)'. It is made up of four parts:

el / la / los / las + noun + **más** + adjective

The adjective always goes <u>after</u> the noun it refers to and must agree with it:

el estadio **más** famos**o**	the most famous stadium
la película **más** antigu**a**	the oldest film
los monumentos **más** famos**os**	the most famous monuments
las tiendas **más** grand**es**	the biggest shops

1 Choose the correct definite article (el/la/los/las) and adjective to complete each phrase, and then translate it into English.

Example: 1 las películas más <u>interesantes</u>   the most interesting films
1 el / la / los / las películas más *interesante / interesantes*
2 el / la / los / las museo más *grande / grandes*
3 el / la / los / las dieta más *sano / sana / sanos / sanas*
4 el / la / los / las helados más *rico / rica / ricos / ricas*
5 el / la / los / las recuerdos más *caro / cara / caros / caras*

> If you need to check whether the noun is masculine or feminine, use the **Minidiccionario** at the back of the book.

2 Write out these superlative phrases in Spanish. Remember to make the adjective agree with the noun.

Example: 1 la playa más bonit**a**

1  bonito
2  antiguo
3 caro
4  famoso
5 rico

Tú and usted

There are four ways of saying 'you' in Spanish:

tú – you (singular, familiar)	¿Dónde viv**es**? ('you' singular verb form)
usted – you (singular, polite)	¿Dónde viv**e**? (same as the 'he/she' verb form)
vosotros/as – you (plural, familiar)	¿Dónde viv**ís**? ('you' plural verb form)
ustedes – you (plural, polite)	¿Dónde viv**en**? (same as the 'they' verb form)

Use the familiar forms with people you know well and other young people.
Use the polite forms with people you don't know well.

The words are not always used, but **usted / ustedes** is sometimes added to the end of a question:
¿Qué quier**e** **usted**? / ¿Qué quier**en** **ustedes**?   What do you want?

3 Copy and complete the sentences with the correct word for 'you'. Then translate them into English.

1 Buenas tardes, señores. ¿Qué quieren ——?
2 ¿Y ——, Miguel? ¿Tienes hambre?
3 Este regalo es para ——, señora López.
4 Ana y Ramón, ¿ —— coméis carne?
5 Señor García, ¿dónde vive ——?
6 Chicas, —— tenéis que escuchar en clase.

114   ciento catorce

The preterite of irregular verbs

You use the preterite to talk about completed events in the past. Irregular verbs do not follow the usual patterns.

ir (to go)	**fui** (I went)	**fuimos** (we went)
hacer (to do / make)	**hice** (I did / made)	**hicimos** (we did / made)
ver (to see / watch)	**vi** (I saw / watched)	**vimos** (we saw / watched)

4 Copy and complete the sentences with the correct part of the verbs in brackets in the preterite. (There may be more than one correct answer.)

> Ayer **1** *(hacer)* muchas cosas. Por la mañana **2** *(ir)* a la Plaza Mayor con mi amigo Gorka. Luego **3** *(ir)* al cine, donde **4** *(ver)* una película de acción. ¡Qué guay! Por la tarde **5** *(ver)* la tele en casa de Gorka y después **6** *(hacer)* una tarta de chocolate.

Using three tenses together

- Use the **present tense** to say what you normally **do**.
  mont**o**, com**o**, escrib**o**, sal**go**, **voy**
- Use the **preterite** to say what you **did**.
  mont**é**, com**í**, escrib**í**, sal**í**, **fui**
- Use the **near future tense** to say what you are **going to do**.
  voy a montar, **voy a** comer, **voy a** escribir, **voy a** salir, **voy a** ir

5 Copy and complete the table using the verbs in the box below.

infinitive	present	preterite	near future
	visito		voy a visitar
beber		bebí	
		jugué	voy a jugar
ir	voy		
hacer			voy a hacer

> voy a ir   jugar   bebo   fui   hice
> visité   hago   visitar   voy a beber   juego

6 Translate the sentences into Spanish. Think carefully about which tense to use each time.

1. Yesterday I did lots of things.
2. Normally I drink water, but today I am going to drink horchata.
3. Yesterday I went to the park, where I played with my brother.
4. Tomorrow I am going to visit the Plaza Mayor.
5. Normally on Sundays I do my homework, but yesterday I visited the zoo.

¡PALABRAS!

¡Mucho gusto! — Pleased to meet you!

Este es mi padre.	This is my father.
Esta es mi madre.	This is my mother.
¿Tienes hambre / sed / sueño?	Are you hungry / thirsty / sleepy?
(No) Tengo hambre / sed / sueño.	I am (not) hungry / thirsty / sleepy.
¿Quieres...?	Do you want to...?
Quiero...	I want to...
beber / comer algo	drink / eat something
hablar por Skype™	speak on Skype™
ir a la cama	go to bed
mandar un SMS	send a text
ver la tele	watch TV

La caza del tesoro — The treasure hunt

¿Adónde hay que ir?	Where do you/we have to go?
Hay que...	You/We have to...
ir al estadio Santiago Bernabéu	go to the Santiago Bernabéu Stadium
ir al parque del Retiro	go to Retiro Park
visitar el Museo Reina Sofía	visit the Reina Sofía Museum
coger el teleférico	take the cable car
comer...	eat...
comprar una postal de...	buy a postcard of...
dibujar...	draw...
sacar fotos de...	take photos of...
ver...	see...
el campo de fútbol más famoso de Madrid	the most famous football pitch in Madrid
el cuadro más famoso de España	the most famous painting in Spain
los churros más ricos del mundo	the tastiest churros in the world
el león más feroz del parque	the most ferocious lion in the park
los monumentos más interesantes de Madrid	the most interesting monuments in Madrid

Mi día favorito — My favourite day

Mi día favorito fue el (martes).	My favourite day was (Tuesday).
Por la mañana...	In the morning...
Por la tarde...	In the afternoon / evening...
bebí / bebimos horchata	I / we drank horchata
comí / comimos un bocadillo de calamares	I / we ate a fried squid sandwich
compré / compramos una gorra	I / we bought a cap
fui / fuimos a la cafetería	I / we went to the café
fui / fuimos en metro	I / we went by metro / underground
hice / hicimos muchas cosas	I / we did lots of things
monté / montamos en la montaña rusa	I / we went on the roller coaster
saqué / sacamos fotos	I / we took photos
vi / vimos los delfines	I / we saw the dolphins
visité / visitamos el zoo / el parque de atracciones	I / we visited the zoo / theme park
Fue increíble / divertido / flipante.	It was incredible / fun / awesome.
¡Qué miedo / rico / guay!	How scary / tasty / cool!

Una aventura en Madrid – 5

En la tienda de recuerdos — In the souvenir shop

¿Qué vas a comprar?	What are you going to buy?	Es...	It's...
¿Qué quiere usted?	What would you like? (polite form)	barato/a	cheap
		bonito/a	pretty
Quiero (comprar) algo para mi (madre).	I want (to buy) something for my (mother).	caro/a	expensive
		feo/a	ugly
Creo que voy a comprar...	I think that I am going to buy...	precioso/a	lovely
		útil	useful
un abanico / un collar	a fan / a necklace	¿Cuánto es?	How much is it?
un imán / un llavero	a magnet / a key ring	Son... euros.	It is... euros.
una camiseta / una figurita / una taza	a T-shirt / a figurine / a mug	Es demasiado caro/a.	It's too expensive.
		No, gracias.	No, thank you.
(el) turrón	nougat	Perfecto, gracias.	Perfect, thank you.
Me gusta la taza, pero prefiero el imán.	I like the mug, but I prefer the magnet.		

Mi último día en Madrid — My last day in Madrid

Si...	If...	sacar fotos (del Palacio Real)	take photos (of the Palacio Real)
hace buen tiempo	it's good weather		
hace frío / sol / viento	it's cold / sunny / windy	tomar el sol (en el Retiro)	sunbathe (in the Retiro)
llueve	it's raining / it rains	ver un partido (en el estadio Santiago Bernabéu)	watch a match (at the Santiago Bernabéu Stadium)
voy a...	I'm going to...		
ir de compras (al Rastro)	go shopping (in the Rastro)		
probar (un cocido madrileño)	try (cocido madrileño stew)	visitar (el Museo del Prado)	visit (the Prado Museum)

Palabras muy frecuentes — High-frequency words

primero	first	donde	where
luego	then	este/esta	this
después	afterwards	algo	something
más tarde	later	para	for
finalmente	finally	usted	you (polite form)
(o) tal vez	(or) perhaps	sobre todo	above all / especially

Estrategia 5
Collecting phrases

Try to make your Spanish 'super-Spanish': collect phrases that will help you to sound authentic.

- When people speak, they play for time.
  - **A ver...** Let's see...   **Bueno...** Well...   **Pues...** Well...

- Using exclamations is a good way of having a more interesting conversation.
  - **¡Qué aburrido!** How boring!   **¡Qué bonito!** How pretty!
  - **¡Qué aventura!** What an adventure!   **¡Qué horror!** How terrible!
  - **¡Qué bien!** Great!   **¡Qué sorpresa!** What a surprise!

Try to learn a new useful phrase each week.

ciento diecisiete

¡PROYECTO! ¡Eres guía turístico!

- Giving information about tourist attractions
- Recording an audio commentary for a bus tour

1 Empareja los símbolos con las frases correctas.

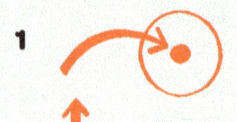

a a la derecha
b todo recto
c aquí
d a la izquierda

Zona Cultura

Argentina's capital city, Buenos Aires, has a population of almost 3 million. It is also South America's most visited city, attracting nearly as many tourists each year. One of its biggest attractions is **tango**, the world-famous dance which originated there. Football is another of the city's passions, and it has half a dozen first-division teams.

2 Escucha. El guía turístico describe la visita de Buenos Aires. ¿De qué atracción habla? ¿Dónde está? (1–6)

¡Bienvenidos a bordo!   *Welcome aboard!*
el edificio   *building*

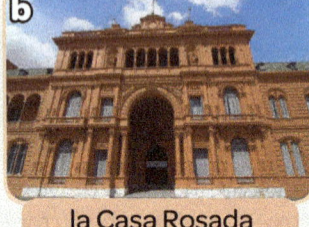

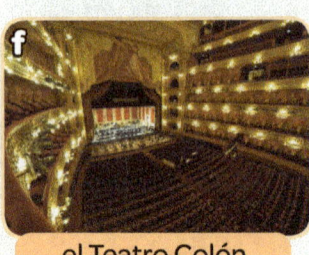

Ejemplo: 1 f →

a la Bombonera
b la Casa Rosada
c el Obelisco
d el Planetario
e el Café Tortoni
f el Teatro Colón

3 Escucha y lee las descripciones de las atracciones. Empareja con las fotos del ejercicio 2.

Ejemplo: 1 e

Visita turística de Buenos Aires

1 Aquí se puede tomar chocolate con churros por la mañana o ver un espectáculo de tango por la noche.

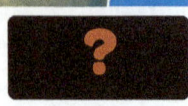

2 Este palacio fue construido en el siglo diecinueve. Es famoso por sus balcones, ¡y también por su color!

3 Esta atracción es muy popular entre los fanáticos de la ópera y de la música clásica.

4 Aquí se puede descubrir todo sobre el sistema solar, los telescopios, los meteoritos…

5 Aquí se puede ver un partido de fútbol del equipo Club Atlético Boca Juniors.

6 Este monumento impresionante de casi sesenta y ocho metros fue construido en 1935.

118 ciento dieciocho

Una aventura en Madrid – 5

4 Lee los textos del ejercicio 3 otra vez. Busca las frases en español.

1. it is famous for
2. this attraction is very popular
3. here you/one can
4. was built in the nineteenth century
5. discover everything about
6. fans of

5 Con tu compañero/a, utiliza la información del ejercicio 3 para inventar comentarios sobre Buenos Aires. Habla por turnos.

● A la derecha está <u>el Planetario</u>. Aquí se puede descubrir…

■ Y todo recto tenemos…

SKILLS: Saying it with feeling

In many situations <u>how</u> you say something (e.g. your intonation and expression) can be as important as <u>what</u> you say. For example, would tourists be interested in what the tour guide was saying if he/she sounded completely unenthusiastic? Remember this when you are doing exercise 5 and exercise 7!

6 Con tu compañero/a, escribe una audioguía para un autobús turístico.

- Choose a town or city.
- Find a map of the town and start your research.
- Choose <u>five</u> places of interest and plan a bus-tour route.
- Find out a fact about each place.
- Prepare your script (remember to welcome the passengers on board!).

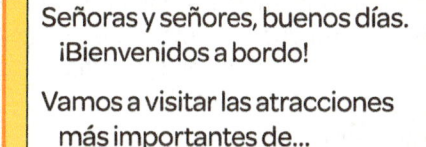

Señoras y señores, buenos días. ¡Bienvenidos a bordo!

Vamos a visitar las atracciones más importantes de…

A la derecha	está	el estadio…
A la izquierda	tenemos	el museo…
Todo recto		el parque…
		la plaza…

Este edificio	fue construido/a en el siglo…
Este monumento	es famoso/a por…
Esta atracción	es popular entre los fanáticos de…

Aquí se puede	ver…
	visitar…
	descubrir…

7 Graba tu audioguía. Luego escucha la audioguía de otra pareja y da tu opinión.

Record your audioguide. Then listen to the audioguide of another pair and give your opinion.

ciento diecinueve 119

¡TE TOCA A TI!

Module 1 - A

1 Completa las expresiones de frecuencia en español. Luego escribe la letra correcta para cada expresión.

Ejemplo: **1** los domingos – e

1 l___ d___
2 u___ v___ a l___ s___
3 a m___
4 c___ t___ l___ d___
5 d___ v___ a l___ s___
6 t___ l___ f___ d___ s___

a once a week
b twice a week
c often
d every weekend
e on Sundays
f almost every day

Try to do exercise 1 from memory. If you need help, look at page 11.

2 Lee los textos y contesta a las preguntas.

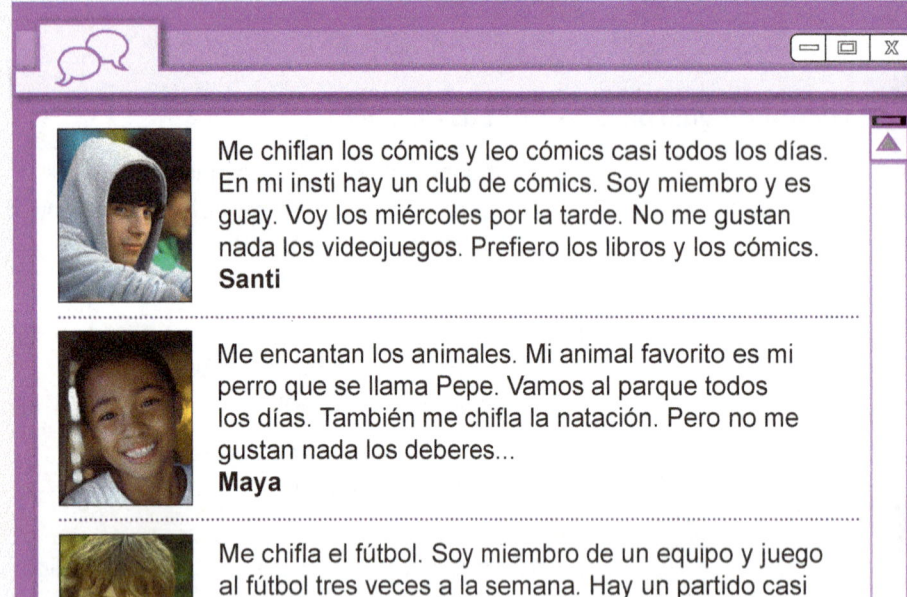

Santi: Me chiflan los cómics y leo cómics casi todos los días. En mi insti hay un club de cómics. Soy miembro y es guay. Voy los miércoles por la tarde. No me gustan nada los videojuegos. Prefiero los libros y los cómics.

Maya: Me encantan los animales. Mi animal favorito es mi perro que se llama Pepe. Vamos al parque todos los días. También me chifla la natación. Pero no me gustan nada los deberes...

Víctor: Me chifla el fútbol. Soy miembro de un equipo y juego al fútbol tres veces a la semana. Hay un partido casi todos los sábados por la mañana. También me gusta la música. Toco la trompeta en un grupo de jazz en el insti.

Who...
1 loves reading?
2 is in a sports team?
3 loves swimming?
4 plays an instrument?
5 doesn't like homework?
6 mentions the weekend?
7 does an activity <u>almost every day</u>?
8 is a member of a club?

3 Escribe textos para Alejandro y Marta. Utiliza los textos del ejercicio 2 como modelo.

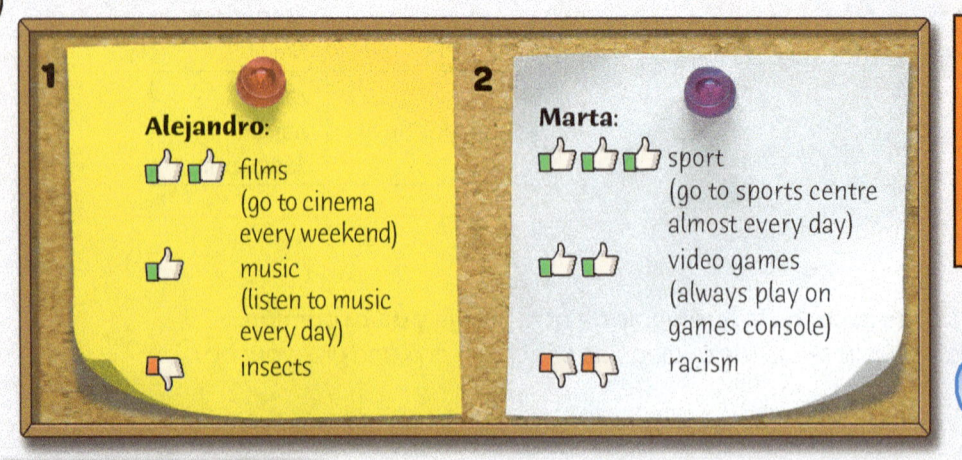

1 Alejandro:
👍👍 films (go to cinema every weekend)
👍 music (listen to music every day)
👎 insects

2 Marta:
👍👍👍 sport (go to sports centre almost every day)
👍👍 video games (always play on games console)
👎👎 racism

SKILLS — Using connectives
To extend your sentences further, use connectives such as **y**, **pero** and **también**.

la consola *games console*

120 ciento veinte

¡TE TOCA A TI!

Module 1 - B

1 Empareja las mitades de las frases. Traduce las frases al inglés. Utiliza el minidiccionario si es necesario.

Ejemplo: **1 b** I love action films.

1 Me encantan las…
2 Voy a…
3 No me gustan…
4 Jennifer Lawrence…
5 Voy…

a las comedias.
b películas de acción.
c con mi familia al cine.
d menudo al cine.
e es mi actriz favorita.

2 Adapta las frases del ejercicio 1 para escribir sobre tus opiniones del cine.
Adapt the sentences from exercise 1 to write about your opinions of cinema.

3 Empareja las preguntas con las respuestas correctas.

Ejemplo: **1 b**

1 ¿Qué cosas te gustan?
  a No me gustan nada los insectos.
  b Me chiflan las películas.

2 ¿Cuándo es tu cumpleaños?
  a El veintidós de mayo.
  b Mi película favorita es *Shrek*.

3 ¿Cómo vas a celebrar tu cumpleaños?
  a Voy a ir a la bolera.
  b Sí, voy al cine una vez a la semana.

4 ¿Con quién vas al cine?
  a Es una película de animación.
  b Voy con mis amigos Diego y Marita.

5 ¿Qué vas a hacer?
  a Vamos a ir a un parque de atracciones.
  b Mi actor favorito es Johnny Depp.

6 ¿Cómo va a ser?
  a Voy al cine los sábados por la tarde.
  b ¡Va a ser genial!

4 Mira las respuestas incorrectas del ejercicio 3. Escribe las preguntas apropiadas y copia las respuestas.
Look at the incorrect answers in exercise 3. Write the appropriate questions and copy the answers.

Ejemplo: **1** ¿Qué cosas no te gustan? No me gustan nada los insectos.

5 Escribe una entrevista. Contesta a las preguntas del ejercicio 3.

● ¿Qué cosas te gustan?
■ Me chiflan <u>los animales</u>, pero no me gustan <u>los insectos</u>.

> Answer the interview questions as yourself or choose a different identity. Write full answers to the questions, giving at least one additional piece of information for each. For example, say what you <u>don't</u> like as well as what you do like. Not all the information needs to be true!

ciento veintiuno 121

¡TE TOCA A TI!

Module 2 - A

1 Escribe las frases y luego tradúcelas al inglés.

1. Soy camarero. Tengo que servir en el restaurante. No me gusta mi trabajo porque es monótono.

2. Soy peluquera. Tengo que cortar el pelo a los clientes. Me encanta mi trabajo porque es interesante.

2 Escribe tres textos. Utiliza los textos del ejercicio 1 como modelo.

1. clean rooms → easy (👍)
2. sell products in shop → stressful (👎)
3. prepare food in kitchen → creative (👍👍👍)

3 Lee los anuncios. Luego copia y completa la tabla.

	job advertised	type of person needed	place of work
1	b	organised, …	

1. ¿Eres organizado y paciente? ¿Te gustaría trabajar en un hotel muy grande? ¿Tienes experiencia en hablar por teléfono y ayudar a los clientes?

2. ¿Te gusta la moda? Tenemos una oportunidad en nuestra agencia de diseño para una persona creativa y ambiciosa.

3. ¿Eres sociable y responsable? ¿Te gustaría vender una variedad de productos diferentes en una tienda de deporte?

4. ¿Te gustaría trabajar al aire libre? ¿Eres práctico y trabajador? ¿Te gustaría ser responsable de los jardines de un hospital?

a b c d

122 ciento veintidós

¡TE TOCA A TI!

Module 2 - B

1. Lee la página web y contesta a las preguntas.

EMPLEO: *Instructor de esquí y snowboard*

Descripción
- Provincia: Granada
- Sector: turismo
- Contrato: temporal (duración = 6 meses)
- Detalles: Se requiere instructor de esquí y snowboard para dar clases a niños de 8 a 16 años de edad.
- Salario: 11€ / hora

Requisitos
- Experiencia mínima: 2 años
- Idiomas: inglés (esencial), francés (deseable)

EMPLEOS @ WEB

1. What job is being advertised?
2. Where is the job based?
3. How long does the contract last?
4. Who will you be teaching?
5. How much will you earn?
6. How much experience do you need?
7. Which languages do you need to speak?

2. Copia y completa el texto con los verbos del recuadro.

Ejemplo: **1** Soy

1 ____ periodista y **2** ____ en un programa de deportes. Me encanta mi trabajo porque es muy variado. **3** ____ inglés y francés.

Ayer por la mañana **4** ____ de casa a las cinco y **5** ____ al trabajo a las seis. Primero **6** ____ con mi jefe y luego **7** ____ mi reportaje. Después del programa **8** ____ en un restaurante con mi equipo y un poco más tarde **9** ____ al fútbol en el parque.

hablé   ~~soy~~   jugué   hablo   preparé   comí   salí   llegué   trabajo

3. Imagina que eres esta persona. Escribe un texto. Utiliza el texto del ejercicio 2 como modelo.

Ejemplo: Soy recepcionista y...

- RECEPCIÓN / HOTEL
- 👍 interesting
- 🇪🇸 🇬🇧 🇩🇪

- Yesterday ____ → HOTEL
- First ____ , then ____ .
- After work ____ , a little later ____ .

ciento veintitrés 123

¡TE TOCA A TI!

Module 3 – A

1 ¿Qué come / no come cada persona? ¿Por qué? Copia y completa la tabla.

	food	eats it ✔ / doesn't eat it ✘	reason
Alberto	d	✘	He's a vegetarian.

Alberto: No como carne porque soy vegetariano.

Patricia: Nunca como chorizo porque soy musulmana.

Eduardo: Como galletas todos los días porque son muy ricas.

Mateo: Como fruta tres veces al día porque es muy sana.

José: No como pescado porque soy alérgico.

Isabel: No como verduras porque son asquerosas.

a   b   c   d   e   f

2 ¿Qué comes y qué no comes? ¿Por qué? Escribe <u>cuatro</u> frases.

Ejemplo: Como fruta a menudo porque es muy rica. Nunca como pan porque soy alérgico…

3 Escribe <u>cuatro</u> frases lógicas. Usa un elemento de cada recuadro.

Los martes		al fútbol	porque soy muy competitivo/a.
Después del insti	juego	al baloncesto	porque prefiero los deportes individuales.
Dos veces a la semana	hago	gimnasia	porque prefiero los deportes de equipo.
Todos los días		baile	porque soy miembro de un equipo.
A veces		natación	porque es muy emocionante.

4 Pon las frases en el orden correcto. Luego traduce el texto al inglés.

Ejemplo: e, …

a   fruta o yogur. Finalmente me lavo los dientes y voy…

b   al trabajo en bici.

c   y luego, a las cinco y cuarto, me visto…

d   Primero me ducho (¡si tengo tiempo!)…

e   Todos los días me despierto a las cinco…

f   y me levanto enseguida.

g   en mi dormitorio. Después desayuno…

> Look at clues such as sequencers and other time phrases, and use common sense.

124   ciento veinticuatro

¡TE TOCA A TI!

Module 3 - B

1 ¿Qué consejos **no** siguen Joaquín y Ariana? Escribe las <u>dos</u> letras correctas para cada uno.
*Which pieces of advice do Joaquín and Ariana **not** follow?*
Write the <u>two</u> correct letters for each one.

1 Siempre estoy cansado porque me acuesto a las dos de la mañana y me despierto a las ocho. No me gusta nada el deporte y por eso nunca juego al fútbol y nunca hago footing.
Joaquín

2 No me gustan nada las verduras (¡puaj!) y nunca como fruta, pero me encanta la limonada (¡qué rica!). También siempre bebo mucha cola – ¡dos o tres botellas al día!
Ariana

a Se debe comer más fruta y verduras.
b Se debe entrenar una hora al día.
c No se debe fumar.
d Se debe dormir ocho horas al día.
e No se debe beber muchos refrescos.
f No se debe comer comida basura.

2 ¿Qué dicen los jóvenes? Escribe <u>dos</u> textos. Utiliza los textos del ejercicio 1 como modelo.
Ejemplo: **1** Nunca estoy cansado porque me acuesto a las...

1 Tomás

✗ porque ... y ... .

... y por eso ✗ .

2 Julieta

A menudo ... y a veces ... .

Siempre ... pero nunca ... .

3 Lee el texto. ¿Verdadero o falso? Escribe V o F.

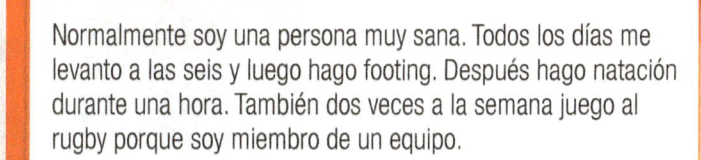

Normalmente soy una persona muy sana. Todos los días me levanto a las seis y luego hago footing. Después hago natación durante una hora. También dos veces a la semana juego al rugby porque soy miembro de un equipo.

Sin embargo, hoy estoy fatal. Me duelen los pies, me duelen las piernas y me duele la espalda. ¿Por qué? Porque ayer hice un triatlón Ironman. Primero hice cuatro kilómetros en la piscina. Luego hice ciclismo durante cinco horas. Finalmente hice un maratón. ¡Fue horroroso!
Rafa

1 Rafa gets up every day at six.
2 Then he goes to the gym for an hour.
3 He is a member of a swimming team.
4 Today his feet, legs and back ache.
5 Yesterday he swam four kilometres.
6 The final event was cycling.

ciento veinticinco **125**

¡TE TOCA A TI!

Module 4 - A

1 Escribe las frases correctamente. Luego traduce las frases al inglés.

1 Voyapieporqueesmásverdequeirencoche.
2 Voyacaballoporqueesmásprácticoqueirenautobús.
3 Voyenmetroporqueesmásrápidoqueirapie.
4 Voyenbarcoyenbiciporqueeslaúnicaopción.
5 Voyenautobúsyentrenporqueesmásbaratoqueirentaxi.

2 ¿Y tú? ¿Cómo vas al insti y por qué? Escribe unas frases.

3 Lee el texto. Luego elige las <u>tres</u> frases verdaderas.

> **Se llama** Isabel Allende. **Es** de Chile. **Es** chilena, pero **vive** en California. **Es** escritora. Su pasión **es** la literatura. En su opinión, todos **tienen** derecho a la educación. **Representa a** la Fundación Isabel Allende, que **apoya** la educación de niñas en Chile.

apoyar — to support

Niños means 'boys' or 'children' in general, which includes boys and girls. What do you think **niñas** means?

a She lives in Chile.
b She is from California.
c She is Chilean.
d She is an author.
e She thinks education is very important.
f She supports boys' education in Chile.

4 Escribe un texto sobre Cristiano Ronaldo. Utiliza los verbos en negrita del ejercicio 3.
Write a text about Cristiano Ronaldo. Use the verbs in bold from exercise 3.

- Cristiano Ronaldo
- Portugal
- portugués
- Madrid
- futbolista
- el fútbol
- derecho a una vida sana
- Save the Children
- el deporte y una dieta sana para niños en todo el mundo

126 ciento veintiséis

¡TE TOCA A TI!

Module 4 – B

1 Lee los textos. Empareja los dibujos con el texto correcto. ¡Ojo! Sobran dos dibujos.
Read the texts. Match the pictures to the correct text. Be careful! There are two pictures too many.

Ejemplo: 1 h, …

1 Siempre vamos al insti en bici. Apagamos los ordenadores todos los días y en diciembre organizamos una venta de pasteles.

2 En mi insti reciclamos vidrio y nunca malgastamos agua. Soy miembro de la organización de Amnistía Internacional y los viernes escribimos cartas.

a b c d
e f g h

2 Lee los textos y completa el perfil en inglés para Esmeralda y Diego.

Me llamo Esmeralda y soy norteamericana. Vivo en Florida. Todos tenemos derecho a la libertad de expresión y en los Estados Unidos puedes dar tu opinión. También tenemos derecho a un medio ambiente sano y aquí no hay mucha contaminación. En el futuro voy a ser programadora. ¿Y tú?

Me llamo Diego y soy chileno pero vivo en Ecuador. Todos tenemos derecho a la protección y aquí en Ecuador no hay mucha violencia. También tenemos derecho al amor y a la familia. Yo vivo con mi familia y soy muy feliz. En el futuro voy a ser médico. ¿Y tú?

Name: _____
Lives in: _____
Rights mentioned: _____
Ambition: _____

3 Traduce el texto al español.

> I am called Sergio and I live in Valladolid in Spain. We all have the right to education and here in Spain I can go to school every day. We also have the right to play and I can play with my friends in the park. In the future I am going to be a teacher. And you?

ciento veintisiete 127

¡TE TOCA A TI!

Module 5 - A

1 Copia y completa las frases con las palabras del recuadro.

Ejemplo: **1** Este es mi <u>padre</u>, Pablo.

1
● Este es mi ——, Pablo.
■ Mucho ——.

2
● ¿Quieres —— algo?
■ Sí, tengo ——. Una limonada, por favor.

3
● ¿Quieres —— la tele?
■ No, gracias, quiero —— un SMS a mis padres.

4
● ¿Tienes ——?
■ Sí, quiero —— a la cama.

ver
~~padre~~
ir
sed
sueño
beber
gusto
mandar

2 Para cada persona, escribe las letras de las fotos apropiadas en el orden correcto.

Ejemplo: Adrián – f, …

¡Me encanta Madrid! Ayer por la mañana fui al mercado más popular de Madrid, el Rastro. Luego por la tarde fui al zoo, donde vi los delfines. ¡Fue increíble! Finalmente fui a un restaurante, donde comí un bocadillo de calamares.
Adrián

Me chifla el arte. El miércoles visité el Museo Reina Sofía, donde vi el cuadro más famoso de Pablo Picasso: el Guernica. Luego fui a la tienda de recuerdos, donde compré una postal. Por la tarde fui a una chocolatería, donde comí churros. ¡Qué ricos!
Nerea

a b  c 
d  e  f

3 Escribe un texto sobre un día en Madrid. Utiliza el texto de Adrián del ejercicio 2 como modelo.

○ 👍👍 Madrid

○ Ayer por la mañana ⬜ más importante de 🇪🇸.

○ Por la tarde 🚡 , donde 📷 . ¡ 😀 !

○ Finalmente 🏛 , donde 🗞 .

128 ciento veintiocho

¡TE TOCA A TI!

Module 5 – B

1. ¿Quién habla, la dependienta o el cliente? Completa la tabla.
Who is speaking? The shop assistant or the customer? Complete the table.

la dependienta	el cliente
1, …	

1 ¿Algo más?
2 Creo que voy a comprar la taza.
3 Quiero algo para mi madre.
4 Son ocho euros, señor.
5 ¿Qué quiere usted?
6 Me gusta el imán, pero prefiero el collar.
7 Es demasiado caro. No, gracias.
8 ¡Aquí tiene usted!

2. Lee el texto. Escribe 'pasado', 'presente' o 'futuro' para cada dibujo.
Read the text. Write 'past', 'present' or 'future' for each picture.

Ayer fui al parque de atracciones, donde monté en todas las montañas rusas. ¡Qué miedo! Luego fui al cine 4D. Fue genial. Después fui a un restaurante, donde comí calamares. ¡Qué ricos!

Normalmente los sábados hago natación y luego por la tarde voy a una hamburguesería con mis amigos.

Mañana si hace sol, voy a ir al Rastro. Voy a comprar un llavero para mi padre. Sin embargo, si llueve, voy a ir al estadio Santiago Bernabéu y voy a comprar una camiseta de mi equipo favorito.

Pablo

3. Escribe una entrada de blog. Utiliza el texto del ejercicio 2 como modelo.

- **yesterday:** visited zoo – saw elephants (fun!)
  went to Retiro – took photos
  went to restaurant – ate fish (tasty!)
- **normally:** on Sundays go shopping in morning, play football with brother in afternoon
- **tomorrow:** if sunny, go to Gran Vía – buy fan for grandmother
  if cold, go to Prado Museum – buy postcard of favourite painting

ciento veintinueve 129

¡TABLA DE VERBOS!

The present tense

Use the present tense to talk about what you do now, what you usually do, or how things are.

1 Regular verbs

In the present tense, **-ar**, **-er** and **-ir** verbs follow different patterns of endings:

	-ar bail**ar** (to dance)	**-er** com**er** (to eat)	**-ir** escrib**ir** (to write)
yo	bail**o**	com**o**	escrib**o**
tú	bail**as**	com**es**	escrib**es**
él/ella / usted	bail**a**	com**e**	escrib**e**
nosotros/as	bail**amos**	com**emos**	escrib**imos**
vosotros/as	bail**áis**	com**éis**	escrib**ís**
ellos/as / ustedes	bail**an**	com**en**	escrib**en**

2 Irregular verbs

Some verbs don't follow the usual patterns. Learn each verb by heart.

ir (to go)	**ser** (to be)	**tener** (to have)	**ver** (to see)
voy	soy	tengo	veo
vas	eres	tienes	ves
va	es	tiene	ve
vamos	somos	tenemos	vemos
vais	sois	tenéis	veis
van	son	tienen	ven

Some verbs are irregular in the 'I' form only:

hacer (to do / to make) → ha**g**o   **salir** (to go out) → sal**g**o

3 Stem-changing verbs

Stem-changing verbs have a vowel change in the stem (the part of the verb that is left when you take off the ending) in the 'I', 'you' (singular), 'he/she' and 'they' forms of the present tense.

e → ie pref**e**rir (to prefer)	**o → ue** p**o**der (to be able to / can)	**u → ue** j**u**gar (to play)
pref**ie**ro	p**ue**do	j**ue**go
pref**ie**res	p**ue**des	j**ue**gas
pref**ie**re	p**ue**de	j**ue**ga
preferimos	podemos	jugamos
preferís	podéis	jugáis
pref**ie**ren	p**ue**den	j**ue**gan

These stem-changing verbs follow the same pattern as **preferir**:

- emp**e**zar (to start) → emp**ie**zo (I start)
- ent**e**nder (to understand) → ent**ie**ndo (I understand)
- qu**e**rer (to want) → qu**ie**ro (I want)

These stem-changing verbs follow the same pattern as **poder**:

- d**o**rmir (to sleep) → d**ue**rmo (I sleep)
- d**o**ler (to hurt) → me d**ue**le(n) (my... hurt(s))

130   ciento treinta

Tabla de verbos

4 Reflexive verbs
Reflexive verbs describe actions you do to yourself. They include a reflexive pronoun, e.g. **me**, **te**, **se**, which means 'myself', 'yourself', 'his/herself', etc.

ducharse (to have a shower)
me ducho
te duchas
se ducha
nos duchamos
os ducháis
se duchan

Some reflexive verbs are stem-changing in the present tense:

ac**o**starse (to go to bed) → me ac**ue**sto (I go to bed)
desp**e**rtarse (to wake up) → me desp**ie**rto (I wake up)
v**e**stirse (to get dressed) → me v**i**sto (I get dressed)

The preterite

Use the preterite (simple past tense) to talk about completed actions in the past.

1 Regular verbs
In the preterite, regular **-ar** verbs follow one pattern of endings and **-er** and **-ir** verbs follow another:

	-ar	-er	-ir
	bail**ar** (to dance)	com**er** (to eat)	escrib**ir** (to write)
yo	bail**é**	com**í**	escrib**í**
tú	bail**aste**	com**iste**	escrib**iste**
él/ella / usted	bail**ó**	com**ió**	escrib**ió**
nosotros/as	bail**amos**	com**imos**	escrib**imos**
vosotros/as	bail**asteis**	com**isteis**	escrib**isteis**
ellos/as / ustedes	bail**aron**	com**ieron**	escrib**ieron**

2 Irregular verbs
Some verbs don't follow the usual patterns in the preterite. Learn each verb by heart.

ir (to go)	**ser** (to be)	**hacer** (to do / make)	**tener** (to have)	**ver** (to see)
fui	fui	hice	tuve	vi
fuiste	fuiste	hiciste	tuviste	viste
fue	fue	hizo	tuvo	vio
fuimos	fuimos	hicimos	tuvimos	vimos
fuisteis	fuisteis	hicisteis	tuvisteis	visteis
fueron	fueron	hicieron	tuvieron	vieron

The verbs **ir** and **ser** are identical in the preterite, but the context makes it clear which verb is meant.

In the preterite, the following verbs are irregular in the 'I' form only:

sacar (to take) → sa**qué** (I took)   **jugar** (to play) → ju**gué** (I played)   **tocar** (to play) → to**qué** (I played)

The near future tense

Use the near future tense to say what you are going to do.

To form the near future tense, use the present tense of the verb **ir** (to go) + **a** + infinitive.

bailar (to dance)
voy a bailar
vas a bailar
va a bailar
vamos a bailar
vais a bailar
van a bailar

ciento treinta y uno 131

¡SPANISH KEY SOUNDS!

Escucha, mira y haz los gestos.
Listen, watch and do the gestures.

p**a**n**d**a

el**e**fant**e**

t**i**gre

os**o**

b**ú**falo

cebra

came**ll**o

gorila

hipopótamo

jirafa

vaca

zorro

If your teacher doesn't have ActiveTeach, listen to the audio and make up your own action for each word.

Pronunciación

Learning how to pronounce the key sounds in Spanish will help you to say new words correctly when you come across them.

SKILLS

Active Learning

Using multiple senses helps us to remember new words for longer. Use sight, sounds and physical actions to boost your memory skills.

132 ciento treinta y dos

¡MINIDICCIONARIO!

Here is a key to the abbreviations in the second column of the Spanish–English word list:

adj	adjective
adv	adverb
conj	conjunction
exclam	exclamation
interj	interjection
interrog	interrogative
nf	feminine noun
nf (pl)	plural feminine noun
nm	masculine noun
nm (pl)	plural masculine noun
num	number
prep	preposition
pron	pronoun
v	verb

The names for the parts of speech given here are those you are most likely to find in a normal dictionary. In ¡Viva! we use different terms for three of these parts of speech. These are:

adverb = intensifier
conjunction = connective
interrogative = question word

A

abajo	adv	down, below
el abanico	nm	fan
abrir	v	to open
la abuela	nf	grandmother
el abuelo	nm	grandfather
los abuelos	nm (pl)	grandparents
aburrido/a	adj	boring
la acción	nf	action
acostarse	v	to go to bed
la actividad	nf	activity
el actor	nm	actor
la actriz	nf	actress
adaptar	v	to adapt
adicto/a	adj	addicted
adivinar	v	to guess
el adjetivo	nm	adjective
¿adónde?	interrog	where (to)?
el aeropuerto	nm	airport
la agencia	nf	agency
el agua	nf	water
ahora	adv	now
el aire	nm	air
al aire libre	adv	in the open air
el alcohol	nm	alcohol
el alemán	nm	German (language)
alérgico/a	adj	allergic
algo	pron	something
el alimento	nm	food
la amabilidad	nf	kindness
amarillo/a	adj	yellow
ambicioso/a	adj	ambitious
la amiga	nf	friend (female)
el amigo	nm	friend (male)
el amor	nm	love
la animación	nf	animation
anoche	adv	last night
antiguo/a	adj	old
el anuncio	nm	advert
añadir	v	to add
el año	nm	year
apadrinado/a	adj	sponsored
apagar	v	to switch off
el aparato eléctrico	nm	electrical appliance
aparecer	v	to appear
aplaudir	v	to applaud
el aplauso	nm	applause
apoyar	v	to support
aprender	v	to learn
apropiado/a	adj	appropriate
¡que aproveche!	exclam	enjoy your meal!
apuntar	v	to note down
aquí	adv	here
el árbol	nm	tree
argentino/a	adj	Argentinian
el argumento	nm	plot
la armería	nf	military museum
la arquitecta	nf	architect (female)
el arquitecto	nm	architect (male)
arriba	adv	up, above
el arte	nm	art

ciento treinta y tres 133

las artes marciales	nf (pl)	martial arts
el artículo	nm	article
así	adv	like this
asiático/a	adj	Asian
asociado/a	adj	associated
asqueroso/a	adj	disgusting
el atletismo	nm	athletics
la atracción	nf	ride, attraction
la audioguía	nf	audio guide
el autobús	nm	bus
la aventura	nf	adventure
el aviario	nm	aviary
el avión	nm	plane
ayer	adv	yesterday
ayudar	v	to help
la azafata	nf	flight attendant

B

bailar	v	to dance
el baile	nm	dance
bajar	v	to go down
el balcón	nm	balcony
el baloncesto	nm	basketball
la banda sonora	nf	soundtrack
barato/a	adj	cheap
el barco	nm	boat
bastante	adv	quite
beber	v	to drink
benéfico/a	adj	charity
la bici(cleta)	nf	bicycle
bien	adv	good, great
bienvenido/a	adj	welcome
la biografía	nf	biography
blanco/a	adj	white
el bocadillo	nm	sandwich
la bolera	nf	bowling alley
el bolígrafo	nm	pen
boliviano/a	adj	Bolivian
la bombera	nf	firefighter (female)
el bombero	nm	firefighter (male)
bonito/a	adj	pretty
a bordo	adv	aboard
la botella	nf	bottle

el brazo	nm	arm
bueno/a	adj	good
bueno...	interj	well...
la bufanda	nf	scarf
el burro	nm	donkey
buscar	v	to look for

C

el caballo	nm	horse
la cabeza	nf	head
cada	adj	each, every
caerse	v	to fall (down)
el café	nm	coffee
la cafetería	nf	café
los calamares	nm (pl)	(fried) squid
calcular	v	to calculate
la cama	nf	bed
la camarera	nf	waitress
el camarero	nm	waiter
cambiar	v	to change
el camino	nm	way, path
la camiseta	nf	T-shirt
el campamento	nm	camp
el campeón	nm	champion
el campo de fútbol	nm	football pitch
la canción	nf	song
cansado/a	adj	tired
el/la cantante	nm, nf	singer
cantar	v	to sing
el caramelo	nm	sweet
caro/a	adj	expensive
la carpintera	nf	carpenter (female)
el carpintero	nm	carpenter (male)
la carta	nf	letter
la cartelera de cine	nf	cinema listings
la casa	nf	home, house
el casco histórico	nm	historic city centre
casi	adv	almost, nearly
el castillo	nm	castle
el catarro	nm	cold
categorizar	v	to categorise
la caza	nf	hunt
celebrar	v	to celebrate

134 ciento treinta y cuatro

Minidiccionario

la cena	nf	dinner	la comida basura	nf	junk food
cenar	v	to have dinner	¿cómo?	interrog	how?, what… like?
el centro comercial	nm	shopping centre	la compañera	nf	partner (female)
los cereales	nm (pl)	cereal	el compañero	nm	partner (male)
cerrar	v	to close, to turn off	completar	v	to fill in, to complete
el champán	nm	champagne	comprar	v	to buy
la chaqueta	nf	jacket	las compras	nf (pl)	shopping
la chica	nf	girl	comprobar	v	to check
el chico	nm	boy	la comunidad	nf	community
me chifla(n)…	v	I love…	el concierto	nm	concert
chileno/a	adj	Chilean	concluir	v	to conclude
chino/a	adj	Chinese	el conector	nm	connector
la chocolatería	nf	café (specialising in hot chocolate)	conocer (a)	v	to meet
			el consejo	nm	piece of advice
los churros	nm (pl)	churros (sweet fried dough sticks)	conservar	v	to save
			la consola	nf	games console
el ciclismo	nm	cycling	construido/a	adj	built
la ciencia	nf	science	construir	v	to build
la ciencia ficción	nf	science fiction	consumir	v	to consume
el cine	nm	cinema	el consumo eléctrico	nm	electricity consumption
el cinturón	nm	belt			
la cirujana	nf	surgeon (female)	la contaminación	nf	pollution
el cirujano	nm	surgeon (male)	contaminado/a	adj	polluted
la ciudad	nf	city	contestar	v	to answer
clásico/a	adj	classic	el contexto	nm	context
la clave	nf	key	contigo	pron	with you
la clienta	nf	customer (female)	la conversación	nf	conversation
el cliente	nm	customer (male)	convertirse en	v	to become
la clínica	nf	clinic	la copa	nf	cup (trophy)
el club	nm	club	copiar	v	to copy
el coche	nm	car	el corazón	nm	heart
el cocido madrileño	nm	Madrilenian chickpea stew	correctamente	adv	correctly
			corregir	v	to correct
cocinar	v	to cook	el correo (electrónico)	nm	email
la cocinera	nf	cook (female)			
el cocinero	nm	cook (male)	cortar	v	to cut
coger	v	to take	la cosa	nf	thing
la cola	nf	cola	crear	v	to create
el collar	nm	necklace	creativo/a	adj	creative
colombiano/a	adj	Colombian	crecer	v	to grow
la columna	nf	column	creer	v	to think, to believe
la comedia	nf	comedy	la crítica	nf	review
el comentario	nm	comment	el cuadro	nm	painting
comer	v	to eat	¿cuál?	interrog	what?, which?
el cómic	nm	comic (book)	¿cuándo?	interrog	when?
cómico/a	adj	funny	¿cuánto?	interrog	how much?
la comida	nf	food	el cuarto	nm	quarter

ciento treinta y cinco **135**

el cuerpo	nm	body
¡cuidado!	exclam	take care!
cuidar	v	to look after
el cumpleaños	nm	birthday

D

el dado	nm	die
dar	v	to give
dar la vuelta	v	to turn around
los datos	nm (pl)	details
se debe	v	you/one must/should
los deberes	nm (pl)	homework
decidir	v	to decide
decir	v	to say
dedicar	v	to dedicate
dejar	v	to leave
el delfín	nm	dolphin
demasiado	adv	too
denotar	v	to indicate
depender de	v	to depend on
la dependienta	nf	shop assistant (female)
el dependiente	nm	shop assistant (male)
el deporte	nm	sport
la derecha	nf	right (direction)
el derecho	nm	right (permission)
el desastre	nm	disaster
desayunar	v	to have breakfast
el desayuno	nm	breakfast
la descarga	nf	flush (toilet)
descender	v	to descend
describir	v	to describe
el desierto	nm	desert
despertarse	v	to wake up
después	adv	afterwards
después de	prep	after
el detalle	nm	detail
el día	nm	day
el día festivo	nm	holiday
el diálogo	nm	dialogue
el diario	nm	diary
diario/a	adj	daily
dibujar	v	to draw

el dibujo	nm	drawing
el dicho	nm	idiom
el diente	nm	tooth
la dieta	nf	diet
diferente	adj	different
difícil	adj	difficult
el dinero	nm	money
el diseñador	nm	designer (male)
la diseñadora	nf	designer (female)
el diseño	nm	design
divertido/a	adj	fun, funny
el doctor	nm	doctor (male)
la doctora	nf	doctor (female)
doler	v	to hurt
el domingo	nm	Sunday
donde	conj	where
¿dónde?	interrog	where?
dormir	v	to sleep
la dosis	nf	dose
la ducha	nf	shower
ducharse	v	to have a shower
los dulces	nm (pl)	sweet things
durante	prep	for, during
durar	v	to last
duro/a	adj	hard

E

el edificio	nm	building
la educación	nf	education
el ejemplo	nm	example
el ejercicio	nm	exercise
la electricidad	nf	electricity
el elefante	nm	elephant
elegir	v	to choose
sin embargo	conj	however
emocionante	adj	exciting
emparejar	v	to match up
la empleada	nf	employee (female)
el empleado	nm	employee (male)
me encanta(n)…	v	I love…
encontrarse con	v	to meet
la encuesta	nf	survey
la energía	nf	power, energy
la enfermedad	nf	illness

136 ciento treinta y seis

Minidiccionario

la enfermera	nf	nurse (female)
el enfermero	nm	nurse (male)
enfermo/a	adj	ill
¡enhorabuena!	exclam	congratulations!
la ensalada	nf	salad
enseguida	adv	straight away
entender	v	to understand
la entonación	nf	intonation
la entrada	nf	entry, ticket
el entrenador	nm	trainer, coach (male)
la entrenadora	nf	trainer, coach (female)
entrenar	v	to train, to exercise
la entrevista	nf	interview
el equilibrio	nm	balance
el equipo	nm	team
equivalente	adj	equivalent
el error	nm	mistake
escribir	v	to write
el escritor	nm	writer (male)
la escritora	nf	writer (female)
escuchar	v	to listen (to)
la escuela	nf	school
la espalda	nf	back
el español	nm	Spanish (language)
español(a)	adj	Spanish
especial	adj	special
la especialidad	nf	speciality
el espectáculo	nm	show
el estadio	nm	stadium
el estado de ánimo	nm	mood
estar	v	to be
este/a	adj, pron	this
el estómago	nm	stomach
la estrella	nf	star
estresante	adj	stressful
el estribillo	nm	chorus
estricto/a	adj	strict
estudiar	v	to study
el estudio	nm	study
el evento	nm	event
evitar	v	to avoid
la excursión	nf	trip
la exhibición	nf	show
la existencia	nf	existence
explicar	v	to explain
expresar	v	to express
la expresión	nf	expression
la expresión de secuencia	nf	sequencer
extenso/a	adj	extensive

F

fácil	adj	easy
falso/a	adj	false
la familia	nf	family
famoso/a	adj	famous
la fanática	nf	fan (female)
el fanático	nm	fan (male)
la fantasía	nf	fantasy
el fantasma	nm	ghost
fantástico/a	adj	fantastic
la farmacia	nf	pharmacy
fascinante	adj	fascinating
fatal	adj	awful
favorito/a	adj	favourite
febrero	nm	February
feliz	adj	happy
fenomenal	adj	fantastic
feo/a	adj	ugly
feroz	adj	ferocious
la ficha	nf	file card
la figurita	nf	figurine
el fin de semana	nm	weekend
finalmente	adv	finally
físico/a	adj	physical
flipante	adj	awesome
la flor	nf	flower
los fondos	nm (pl)	funds
el footing	nm	jogging
en forma	adj	fit, in shape
el foro	nm	chatroom
la foto	nf	photo
el frasco	nm	bottle
la frase	nf	sentence
la frecuencia	nf	frequency
frecuentemente	adv	frequently
la fresa	nf	strawberry
la fruta	nf	fruit
la fuerza	nf	strength
fumar	v	to smoke

ciento treinta y siete 137

funcionar	v	to work
la fundación	nf	foundation
el fútbol	nm	football
el futbolín	nm	table football
el/la futbolista	nm, nf	footballer
el futuro	nm	future

G

la galleta	nf	biscuit
ganar	v	to earn
el garaje	nm	garage
la garganta	nf	throat
la gasolinera	nf	petrol station
por lo general	adv	in general
genial	adj	great
el gigante	nm	giant
la gimnasia	nf	gymnastics
el gimnasio	nm	gym
la gorra	nf	cap
la gotita	nf	droplet
grabar	v	to record
¡gracias!	exclam	thank you!
gracioso/a	adj	funny
el grifo	nm	tap
el grupo	nm	group, band
guay	adj	cool
la guía turística	nf	tourist guide (female)
el guía turístico	nm	tourist guide (male)
el guión	nm	script
la guitarra	nf	guitar
me gusta(n)…	v	I like…
me gustaría…	v	I would like…

H

la habitación	nf	room
hablador(a)	adj	talkative
hablar	v	to talk, to speak
hacer	v	to do, to make
hace buen tiempo	v	it's good weather
hace calor	v	it's hot
hace frío	v	it's cold
hace sol	v	it's sunny
hace viento	v	it's windy
el hambre	nf	hunger
tener hambre	v	to be hungry
la hamburguesa	nf	hamburger
la hamburguesería	nf	burger bar
hasta	prep	until
hay	v	there is, there are
hay que…	v	you/we have to…
el helado	nm	ice cream
el helicóptero	nm	helicopter
la hermana	nf	sister
hermanado/a	adj	twinned, partner
la hermanastra	nf	stepsister
el hermanastro	nm	stepbrother
el hermano	nm	brother
los hijastros	nm (pl)	stepchildren
hipocondríaco/a	adj	hypochondriac
la historia	nf	story
histórico/a	adj	historic
la historieta	nf	short story
el hombre	nm	man
la hora	nf	hour, time
la hora de comer	nf	lunchtime
la horchata	nf	tiger nut milk drink
¡qué horror!	exclam	how terrible!
horroroso/a	adj	awful
hoy	adv	today
el huevo	nm	egg

I

identificar	v	to identify
el idioma	nm	language
la iluminación	nf	lighting
la imagen	nf	image
la imaginación	nf	imagination
imaginar	v	to imagine
el imán	nm	magnet
importante	adj	important
impresionante	adj	impressive
inaceptable	adj	unacceptable
el incendio	nm	fire
increíble	adj	incredible

Minidiccionario

el incremento de salario	nm	salary increase
independiente	adj	independent
indicar	v	to indicate
el infinitivo	nm	infinitive
el inglés	nm	English (language)
inglés/esa	adj	English
el insecto	nm	insect
el insti(tuto)	nm	school
el instrumento	nm	instrument
inteligente	adj	intelligent
el intercambio	nm	exchange
interesante	adj	interesting
inventar	v	to invent
inyectar	v	to inject
ir	v	to go
irse	v	to leave
italiano/a	adj	Italian
la izquierda	nf	left (direction)

J

la jardinera	nf	gardener (female)
el jardinero	nm	gardener (male)
la jefa	nf	boss (female)
el jefe	nm	boss (male)
¡jesús!	exclam	bless you!
los jóvenes	nm (pl)	young people
la judía	nf	bean
el judo	nm	judo
el juego	nm	play, game
el jueves	nm	Thursday
el jugador	nm	player (male)
la jugadora	nf	player (female)
jugar	v	to play
julio	nm	July
justo/a	adj	fair

K

el karting	nm	go-karting

L

lavarse	v	to wash, to brush
la leche	nf	milk
leer	v	to read
el león	nm	lion
la letra	nf	letter, lyrics
levantarse	v	to get up
la libertad de expresión	nf	freedom of expression
el libro	nm	book
el limón	nm	lemon
la limonada	nf	lemonade
el limpiador	nm	cleaner (male)
la limpiadora	nf	cleaner (female)
limpiar	v	to clean
limpio/a	adj	clean
en línea	adv	online
la lista	nf	list
llamarse	v	to be called
el llavero	nm	key ring
llegar	v	to arrive
llevar	v	to lead, to have
llover	v	to rain
la lluvia	nf	rain
la lluvia de ideas	nf	brainstorm
loco/a	adj	crazy
lógico/a	adj	logical
luchar	v	to fight
luego	adv	then
el lugar	nm	place
el lunes	nm	Monday
la luz	nf	light

M

la madrastra	nf	stepmother
la madre	nf	mother
mágico/a	adj	magic
malgastar	v	to waste
malo/a	adj	bad
el mamífero	nm	mammal
mandar	v	to send
la mano	nf	hand
manual	adj	manual
la manzana	nf	apple
la mañana	nf	morning
mañana	adv	tomorrow
el maratón	nm	marathon
la maravilla	nf	wonder
el martes	nm	Tuesday
marzo	nm	March
más	adv	more

ciento treinta y nueve

más tarde	adv	later
la mecánica	nf	mechanic (female)
el mecánico	nm	mechanic (male)
medio/a	adj	half
el medio ambiente	nm	environment
el medio de transporte	nm	means of transport
mejor	adj	better
mejorar	v	to improve, to get better
la memoria	nf	memory
mencionar	v	to mention
menos	adv	less
a menudo	adv	often
el mercado	nm	market
el mes	nm	month
el metro	nm	metro, underground
mexicano/a	adj	Mexican
mí	pron	me
mi/mis	adj	my
¡qué miedo!	exclam	how scary!
el miembro	nm	member
el miércoles	nm	Wednesday
mirar	v	to look at
mismo/a	adj	same
misterioso/a	adj	mysterious
la mitad	nf	half
la moda	nf	fashion
el modelo	nm	model
el monólogo	nm	monologue
monótono/a	adj	monotonous
la montaña rusa	nf	roller coaster
montar (en)	v	to ride, to go on
un montón	nm	lots
el monumento	nm	monument
morir	v	to die
el móvil	nm	mobile
mucho	adv	a lot
mucho/a	adj	a lot of
mucho gusto	exclam	pleased to meet you
los muebles	nm (pl)	furniture
la muerte	nf	death
la mujer	nf	woman
el mundo	nm	world
el músculo	nm	muscle
el museo	nm	museum
la música	nf	music, musician (female)
el músico	nm	musician (male)
musulmán/ana	adj	Muslim
muy	adv	very

N

la nacionalidad	nf	nationality
nada	pron	(not) at all, nothing
nadar	v	to swim
la naranja	nf	orange (fruit)
naranja	adj	orange (colour)
la nariz	nf	nose
la natación	nf	swimming
navegar	v	to surf (internet)
negativo/a	adj	negative
negro/a	adj	black
el neumático	nm	tyre
el nieto	nm	grandchild, grandson
la niña	nf	girl
el niño	nm	boy
los niños	nm (pl)	children
la noche	nf	night
el nombre	nm	name
normalmente	adv	normally
norteamericano/a	adj	North American
nos	pron	us
nosotros/as	pron	we, us
la nota	nf	note
la novela romántica	nf	romantic novel
noviembre	nm	November
nuevo/a	adj	new
nunca	adv	never

Ñ

¡ñam, ñam!	exclam	yum, yum!

Minidiccionario

O

o	conj	or
el objeto	nm	object
la obra maestra	nf	masterpiece
la oficina	nf	office
ofrecer	v	to offer
el oído	nm	ear
el ojo	nm	eye
la ola	nf	wave
la opción	nf	option
opinar	v	to think
la opinión	nf	opinion
el orden	nm	order
organizado/a	adj	organised
organizar	v	to organise
el oro	nm	gold
otra vez	adv	again
otro/a	adj	other, another

P

paciente	adj	patient
el/la paciente	nm, nf	patient
el padre	nm	father
los padres	nm (pl)	parents
la página web	nf	webpage
el país	nm	country
el pájaro	nm	bird
pakistaní	adj	Pakistani
el palacio	nm	palace
la palma	nf	palm
el pan	nm	bread
el papel	nm	paper
para	prep	(in order) to, for
el parque	nm	park
el parque acuático	nm	water park
el parque de atracciones	nm	theme park
el párrafo	nm	paragraph
el partido	nm	match
pasado/a	adj	last
la pasajera	nf	passenger (female)
el pasajero	nm	passenger (male)
pasar	v	to spend, to happen
la pasión	nf	passion
la pasta	nf	pasta
el pastel	nm	cake
la pastilla	nf	pill
las patatas fritas	nf (pl)	chips
el payaso	nm	clown
pelear	v	to fight
la peli, la película	nf	film
el pelo	nm	hair
la pelota vasca	nf	pelota (Basque ball game)
la peluquera	nf	hairdresser (female)
la peluquería	nf	hairdresser's
el peluquero	nm	hairdresser (male)
pensar	v	to think
peor	adj	worse, worst
pequeño/a	adj	small
perder	v	to lose
perfecto/a	adj	perfect
el perfil	nm	profile
el/la periodista	nm, nf	journalist
pero	conj	but
el perro	nm	dog
la persona	nf	person
el personaje	nm	character
la personalidad	nf	personality
peruano/a	adj	Peruvian
el pescado	nm	fish
el pie	nm	foot
a pie	adv	on foot
la pierna	nf	leg
la piscina	nf	swimming pool
planificar	v	to plan
la planta	nf	plant
plantar	v	to plant
el plástico	nm	plastic
un poco	adv	a little, a bit
poder	v	to be able to, can
el poema	nm	poem
el/la policía	nm, nf	police officer
el pollo	nm	chicken
poner	v	to put
por eso	conj	so, therefore
porque	conj	because
¿por qué?	interrog	why?
por supuesto	adv	of course
la posibilidad	nf	possibility
posible	adj	possible

ciento cuarenta y uno

la postal	nf	postcard
practicar	v	to practise
práctico/a	adj	practical
precioso/a	adj	lovely
predecible	adj	predictable
la preferencia	nf	preference
preferir	v	to prefer
preguntar	v	to ask
preparar	v	to prepare
la presentación	nf	presentation
el presente	nm	present (time)
la prima	nf	cousin (female)
primer(o)/a	adj	first
primero	adv	first
el primo	nm	cousin (male)
la princesa	nf	princess
el príncipe	nm	prince
probar	v	to try
el problema	nm	problem
el producto	nm	product
el profesor	nm	teacher (male)
la profesora	nf	teacher (female)
el programa	nm	programme
la programación	nf	schedule
el programador	nm	programmer (male)
la programadora	nf	programmer (female)
la pronunciación	nf	pronunciation
propio/a	adj	own
la protección	nf	protection
el proyecto	nm	project
la publicidad	nf	publicity
el pueblo	nm	town, village
pues...	interj	well...
el puesto de ocasión	nm	second-hand stall
puntuar	v	to give a score

Q

que	conj	than, that, which
¿qué?	interrog	what?
quedar bien	v	to fit (clothes)
querer	v	to want
¿quién?	interrog	who?

R

el racismo	nm	racism
rápido/a	adj	quick
los rápidos	nm (pl)	rapids
la raqueta	nf	racquet
la raya	nf	line
la razón	nf	reason
la reacción	nf	reaction
reaccionar	v	to react
recaudar	v	to raise
el/la recepcionista	nm, nf	receptionist
recibir	v	to receive
reciclar	v	to recycle
reciente	adj	recent
recoger	v	to collect
recomendar	v	to recommend
el recuadro	nm	box
el recuerdo	nm	souvenir
reducir	v	to reduce
referirse a	v	to refer to
el refresco	nm	fizzy drink
regar	v	to water
relajar	v	to relax
repetir	v	to repeat
el reptil	nm	reptile
la reserva	nf	reservation
la resolución	nf	resolution
respirar	v	to breathe
responder	v	to answer
la responsabilidad	nf	responsibility
responsable	adj	responsible
el restaurante	nm	restaurant
el resumen	nm	summary
reutilizar	v	to reuse
rico/a	adj	delicious, tasty
la rifa	nf	raffle
rimar	v	to rhyme
el ritmo	nm	rhythm
la rodilla	nf	knee
rojo/a	adj	red
el rompecabezas	nm	brain teaser
la ropa	nf	clothes
el rugby	nm	rugby
la rutina	nf	routine

ciento cuarenta y dos

Minidiccionario

S

el sábado	nm	Saturday
sacar	v	to take (photo)
salir	v	to go out
salir a la calle	v	to go out in the street
el salón	nm	room
saltar	v	to jump
la sangre	nf	blood
sano/a	adj	healthy
la sección	nf	section
tener sed	v	to be thirsty
seguir	v	to follow
según	prep	according to
el segundo	nm	second
la seguridad	nf	security, safety
seguro/a	adj	safe
la selva	nf	jungle
la semana	nf	week
serio/a	adj	serious
los servicios	nm (pl)	toilets
servir	v	to serve
severo/a	adj	strict
si	conj	if
siempre	adv	always
lo siento	v	I'm sorry
el siglo	nm	century
significar	v	to mean
siguiente	adj	next, following
el símbolo	nm	symbol
simpático/a	adj	nice
el SMS	nm	text
sobrar	v	to be... too many
sobre	prep	about
sobre todo	adv	above all, especially
sociable	adj	sociable
solidario/a	adj	charity, charitable
sólo	adv	only
solo/a	adj	alone
la sorpresa	nf	surprise
su/sus	adj	his, her, their
subir	v	to go up
subrayado/a	adj	underlined
el sueño	nm	dream
tener sueño	v	to be sleepy
la suerte	nf	luck
el superhéroe	nm	superhero
por supuesto	adv	of course

T

la tabla	nf	table
tal vez	adv	perhaps
el talento	nm	talent
también	adv	also, too
la tarde	nf	afternoon, evening
tarde	adv	late
la tarjeta	nf	card
la tarta	nf	cake
la taza	nf	mug
el teclado	nm	keyboard
el teleférico	nm	cable car
el teléfono	nm	phone
la tele(visión)	nf	TV
temprano	adv	early
tener	v	to have
tener que	v	to have to
el tenis	nm	tennis
el terremoto	nm	earthquake
el terror	nm	horror
el tesoro	nm	treasure
el tiempo	nm	time, weather
el tiempo libre	nm	free time
la tienda	nf	shop, tent
la tierra	nf	earth
el tigre	nm	tiger
tímido/a	adj	timid
la tía	nf	aunt
el tío	nm	uncle
típico/a	adj	typical
el tipo	nm	type
la tira cómica	nf	comic strip
la tirada	nf	throw
tirar	v	to throw
el título	nm	title
las tostadas	nf (pl)	toast
tocar	v	to play (instrument), to touch
todo	pron	everything
todo/a	adj	all, every
todo recto	adv	straight on
tomar el sol	v	to sunbathe
el tono	nm	tone
la tontería	nf	silly thing
el torneo	nm	tournament
la tos	nf	cough

ciento cuarenta y tres

trabajador(a)	adj	hard-working
trabajar	v	to work
el trabajo	nm	job
traducir	v	to translate
tranquilo/a	adj	quiet
el transporte público	nm	public transport
tratar de	v	to be about
el tren	nm	train
triste	adj	sad
el trofeo	nm	trophy
la trompeta	nf	trumpet
tu/tus	adj	your
el tuit	nm	tweet
el/la turista	nm, nf	tourist
el turno	nm	turn
el turrón	nm	nougat

U

último/a	adj	last
único/a	adj	only
usar	v	to use
el uso	nm	use
usted(es)	pron	you (formal)
útil	adj	useful
utilizar	v	to use

V

la vaca	nf	cow
variado/a	adj	varied
a veces	adv	sometimes
vegetariano/a	adj	vegetarian
vender	v	to sell
la venganza	nf	revenge
la venta	nf	sale
ver	v	to see, to watch
el verbo	nm	verb
la verdad	nf	truth
verdadero/a	adj	true
verde	adj	green
las verduras	nf (pl)	vegetables
el vestido	nm	dress
vestirse	v	to get dressed
la veterinaria	nf	vet (female)
el veterinario	nm	vet (male)
una vez	adv	once
viajar	v	to travel
el viaje	nm	journey
la vida	nf	life
el videojuego	nm	video game
el vidrio	nm	glass
que viene	adj	next
el viernes	nm	Friday
la violencia	nf	violence
virtuoso/a	adj	virtuous
la visita	nf	visit
vivir	v	to live
el voleibol	nm	volleyball
volver	v	to return
vomitar	v	to vomit
vosotros/as	pron	you (plural)
en voz alta	adv	aloud

W

el WC	nm	toilet

Y

ya	adv	already

Z

el zapato	nm	shoe
el zoo	nm	zoo